Herbert Kohl / Hartmann Wunderer

Von der Quelle zum Tafelbild III

Tafelarbeit im Geschichtsunterricht

Vom Neandertaler bis zum Spätmittelalter

WOCHEN SCHAU GESCHICHTE

Bibliografische Information der Deutschen Nationalbibliothek

Die Deutsche Nationalbibliothek verzeichnet diese Publikation in der Deutschen Nationalbibliografie; detaillierte bibliografische Daten sind im Internet über http://dnb.d-nb.de abrufbar.

www.wochenschau-verlag.de

Umschlag: Klaus Ohl
Umschlagfoto: Hartmann Wunderer
Zeichnungen: Sarah Zalzadeh
Gesamtherstellung: Wochenschau Verlag
Gedruckt auf chlorfreiem Papier
Printed in Germany
ISBN 978-3-89974590-0

Inhaltsverzeichnis

Einleitung

Tafelarbeit – immer noch beliebt

Die Wandtafel erscheint in Zeiten moderner Präsentationsformen und der sie beherrschenden Kommunikationsmittel gelegentlich wie ein Relikt aus dem 19. Jahrhundert. Doch erfreut sich die Tafelarbeit im Geschichtsunterricht nach wie vor großer Beliebtheit. In diesem Fach haben Tafelskizzen immer noch einen besonderen Charme: Sie elementarisieren mit einfachen graphischen Mitteln komplexe historische Prozesse und machen diese damit leichter erfassbar. Geschichte wird dabei in nachvollziehbarer Weise auf wesentliche Grundmuster zurückgeführt, indem die Ursachen in transparenter Form herausgearbeitet werden, die den historischen Entwicklungen zugrunde liegen. Für das historische Lernen sind derartige Elementarisierungen eine wichtige Hilfestellung, mehr noch: Sie sind im Hinblick auf das heute immer wieder erhobene Postulat des nachhaltigen Lernens unverzichtbar. Dies gilt besonders für die unteren Klassen der Sekundarstufe I. Hier sind die Schülerinnen und Schüler mit den Techniken des selbstständigen Mitschreibens noch nicht vertraut. An diese Altersgruppe wendet sich dieser Band mit seinen Themen in erster Linie.

Quelle und Tafelbild

Gelungene Tafelbilder können Dreh- und Angelpunkt eines guten Unterrichts sein. Ausgehend von einer relevanten Problemfrage entstehen sie im Zuge einer Quellenanalyse oder eines Unterrichtsgesprächs. Sie gehen von wichtigen Problemstellungen und ihren Einzelaspekten aus, sie dokumentieren dabei wichtige Entdeckungen oder Ergebnisse und formulieren Folgerungen für weitere Arbeitsschritte. Im Hinblick auf die Unterrichtspragmatik dienen sie der Elementarisierung und dem Memorieren zentraler historischer Problemzusammenhänge; außerdem helfen sie bei der Vorbereitung von Lernzielkontrollen.

Eine vollständige „Kongruenz" zwischen Quelle und Tafelbild ist kaum herstellbar, denn Vorwissen und alternative Perspektiven auf einen historischen Sachverhalt erweitern den Blick auf das jeweilige Thema und gehen häufig mit in die Ergebnissicherung ein. Dennoch haben wir uns, soweit möglich, um eine Übereinstimmung zwischen Quelle und Tafelbild bemüht.

Quellen, Sachtexte, Kommentare

Ziel dieser Sammlung ist es, historische Sachverhalte aus Quellentexten zu erarbeiten. Jedoch stößt dieses kategoriale Prinzip bei manchen Themen schnell an seine Grenzen. Dieser Fall tritt ein, wenn es um komplexe Ereignisabläufe, politische Begriffe und Theorien oder um strukturgeschichtliche Prozesse geht. In diesen Fällen muss auf Sekundärtexte zurückgegriffen werden, etwa beim Thema römische Familie oder im Kapitel zum Stauferkaiser Friedrich II. Hier kann die Geschichtslehrerin oder der Geschichtslehrer, falls gewünscht, zusätzlich auf vertiefendes oder illustrierendes Quellenmaterial aus den gängigen Geschichtsbüchern zurückgreifen. Um die Arbeit mit den vorliegenden Texten zu vereinfachen, wurden in diesem Band in einigen Fällen kurze didaktische Kommentare verfasst, die das jeweilige Kapitel anmoderieren und den Zugriff erleichtern sollen. Sie geben zudem Hinweise über die Zuordnung zur Sekundarstufe I oder II. Darüber hinaus sind etliche Kapitel für eine Behandlung in Doppelstunden konzipiert. Auch darauf wird in den Kurzkommentaren verwiesen.

Tafelbilder und ihre Tücken

Historisches Lernen ist ein diskursives Lernen, das kein schlichtes richtig und falsch kennt, sondern die Kraft der Argumente abwägt und subjektive Plausibilitäten aufspürt. Historische Lernprozesse beschränken sich eben nicht auf das Akkumulieren von möglichst zahlreichen „Daten und Fakten", sie ergeben sich vielmehr aus der Auseinandersetzung mit historischen Fragestellungen und Materialien. Klar ist: Eine solche Arbeitsweise fördert Problembewusstsein; sie fordert die Schülerinnen und Schüler, denn das Ziel des problemorientierten Arbeitsunterrichts ist das historische Verstehen, auch und gerade das Verstehen des heute viel zitierten „Fremden" in der Geschichte.

Deshalb sollte man Tafelskizzen oder Schaubildern stets mit einem grundsätzlichen Zweifel begegnen: In ihnen können unterschwellig (triviale) Geschichtsbilder oder vereinfachende Muster von historischen Prozessen bestätigt werden. Wer mit Tafelskizzen arbeitet, sollte sich ihrer begrenzten Erklärungskraft bewusst sein. Tafelskizzen sind genauso wie Geschichtsdarstellungen oder -erzählungen rückblickende Konstruktionen eines komplexen vergangenen Geschehens. Die grafische Akzentuierung von Ursachen und Folgen historischer Prozesse strebt in schematisierter Form die Rekonstruktion von Vergangenem an, sie kann aber tatsächliche historische Prozesse nicht abbilden, die grafische Erfassung bleibt eine grobe historische Konstruktion.

Auch die sorgfältige Quelleninterpretation ist kein Geschäft, das notwendigerweise zu klaren Ergebnissen führen muss, will man den Texten nicht Gewalt antun. Strukturskizzen kennen feine Schattierungen nicht, sie wirken vielmehr grob und eindeutig, sie beurteilen (und verurteilen) Akteure und Prozesse oft in eindeutiger Weise. Sie legen scheinbar klare Maßstäbe an, die es so in einer vorurteilsfreien historischen Forschung nicht geben darf (oder nicht geben sollte). Strukturskizzen erscheinen vor diesem Hintergrund als wissenschaftlich unzulässige Vereinfachungen, die der komplexen Materie häufig nicht gerecht werden. Wie kann man diesem Dilemma entgehen?

Entwickelt man Tafelskizzen auf der Grundlage von Quellen, an die quellenkritische Fragen nach der jeweiligen spezifischen Perspektive und Interesse gestellt werden, relativiert man ihren Aussagegehalt. Sie reflektieren eben nur eine bestimmte Perspektive, in ihnen artikuliert sich ein spezifisches Interesse. Quellenarbeit und Tafelskizzen sind für den Geschichtsunterricht unabdingbar, aber ihr Wert bestimmt sich daraus, wie bewusst und distanziert man mit ihren begrenzten Aussagemöglichkeiten umgeht. Fertigt man mit den Schülerinnen und Schülern auf der Basis von historischen Materialien (Quellen oder Sachtexten) Tafelskizzen an, sollte man sich der eingeschränkten und spezifischen Perspektivik dieses Unternehmens bewusst sein. Gerade in dieser kritischen Distanz liegt die Chance für historisches und auch wissenschaftspropädeutisches Lernen.

Tafelbilder zusammen mit den Schülern entwickeln!

Die im Heft enthaltenen Tafelbilder können vom Lehrer im Unterricht einfach an die Wand projiziert werden; es gibt Unterrichtssituationen, in denen dies, beispielsweise aus Zeitgründen, unumgänglich ist. Angestrebt wird jedoch, dass der Lehrer oder die Lehrerin den Text/die Texte nur als Muster nimmt und mit den Schülerinnen und Schülern zusammen ein Tafelbild entwickelt. Tafelbilder sollen nicht nur vor den Augen der Schülerinnen und Schüler, sondern mit deren Hilfe entstehen. Dabei sollte mit ihnen gelegentlich über geeignete und prägnante Formulierungen gerungen werden. Die Skizzen haben deshalb vor allem Anregungscharakter, um Unvorhergesehenes und Unvorhersehbares, das sich aus der Arbeit mit dem Material ergibt, integrieren zu können. Dazu gehört auch, dass die Schülerinnen und Schüler bei der Entscheidung, wo bestimmte Aussagen platziert, welche Aussagen hervorgehoben oder besonders markiert werden sollten, einbezogen werden.

Die von uns ausgewählten Quellen und Sachtexte haben Anregungscharakter; sie reichen in vielen Fällen sicher nicht aus, um differenzierte Tafelbilder entwickeln zu können. Sie können in ihrem Bemühen um schematisierte Abbildung die historische Komplexität historischer Prozesse nur unzureichend erfassen. Dennoch bemühen sie sich immer wieder, den elementaren didaktischen Geboten der Multiperspektivität und Kontroversität Rechnung zu tragen, etwa bei der Beurteilung „großer" Persönlichkeiten wie Alexander oder Caesar oder bei den abweichenden Urteilen über die Vandalen zwischen den antiken Quellen und der neueren Forschung. Selbstverständlich kann eine gedrängte Publikation wie diese nicht die fachwissenschaftliche Diskussion der letzten Jahrzehnte mit einschlägigen Texten und Diskussionsbeiträgen präsentieren. Ein solches Unterfangen wäre unterrichtspraktisch schlichtweg illusorisch. Die Quellenauswahl will vielmehr Materialien anbieten, die zentrale oder relevante Aspekte eines historischen Themas ansprechen und daher eine erste Grundlage für ein Tafelbild bieten. Die weiteren Aspekte müssen sich dann aus dem vorangegangenen Unterricht, einem Lehrervortrag, dem Einsatz des Geschichtsbuches oder aus dem Unterrichtsgespräch ergeben.

Das Ziel: vom Tafelanschrieb zum Tafelbild

Häufig erschöpft sich der Einsatz der Tafel im Fach Geschichte in der Anfertigung von kurzen Unterrichtsprotokollen. Solche Tafelanschriebe bestehen meist aus aneinander gereihten, oft ausformulierten Merksätzen. Im Gegensatz dazu bemühen sich die Tafelbilder in dieser Sammlung darum, die Themen zu strukturieren und ihnen damit Prägnanz zu verleihen. Diese Form der Ergebnissicherung soll für den Lernenden überschaubar und leicht memorierbar sein. Dazu bieten sich übersichtliche oder symmetrische Formen an, die der Gefahr übertriebener graphischer Komplexität entgegenwirken. Die Bewegungsrichtung von historischen und logischen Abfolgen sollten, der europäischen und amerikanischen Blickrichtung folgend, von links nach rechts und von oben nach unten gehen. Dabei sollten, abhängig vom jeweiligen Thema, verstärkende Darstellungsmittel wie Steigung und Gefälle bedacht werden. Visualisierung bedeutet auch, dass grafische Hilfsmittel wie Kästen, Pfeile und Klammern zum Einsatz kommen. Für Hervorhebungen, z. B. zentrale Fragen oder Begriffe, empfiehlt sich die Verwendung von Farbkreide. Um die visuelle Wirkung des Tafelbildes zu stärken, wurde in diesem Band in einigen Fällen auf historische Symbole und einfache Zeichnungen zurückgegriffen. Sie sollen auch der zeichnerisch weniger versierten Lehrkraft Anregungen bieten, die optische Komponente der Tafelarbeit stärker zum Tragen zu bringen und damit Prägnanz und Aussagekraft der Anschriebe zu erhöhen.

Einsatzmöglichkeiten von Tafelbildern

Dieses Heft soll Geschichtslehrerinnen und Geschichtslehrern, die Wert auf Tafelarbeit legen, verschiedene methodische Möglichkeiten bieten, das Medium Tafel einzusetzen:

- Ausgehend von den Quellen und ihrer Interpretation bzw. Analyse lassen sich mit den Schülerinnen und Schülern Tafelskizzen erarbeiten; die dazu angebotenen Schaubilder haben dann einen Vorschlagscharakter, wie in etwa ein Ergebnis aussehen könnte.
- Die überschaubaren Sachtexte und historischen Quellen eignen sich für eine vorbereitende Hausaufgabe, die mit einem Arbeitsauftrag versehen werden, z.B.: Wie beschreibt Herodot den Bau der Pyramiden? Oder: Fasse die Informationen zum Schreiberberuf in Ägypten in wenigen Worten zusammen.
- Natürlich lässt sich auch nur das jeweilige fertige Tafelbild projizieren und knapp erläutern, etwa wenn man unter Zeitdruck steht und rasch Orientierungswissen vermitteln will.
- Tafelbilder sollten aber stets in einem historischen Problemzusammenhang (Ursachen .../ Folgen ...) gestellt werden. Die Problematisierung der Sachverhalte initiiert historische Erkenntnisprozesse und dient damit der Entwicklung eines reflektierten Geschichtsbewusstseins.

Das Heft ist lehrwerksunabhängig. Es berücksichtigt Themen, die im Unterricht der Sekundarstufe I und II in den derzeit geltenden Bildungsplänen einen besonderen Stellenwert einnehmen.

Herbert Kohl *Hartmann Wunderer*

01 Harte Bedingungen für den Neandertaler

Das Leben der Frühmenschen ist besonders gut bei den Neandertalern erforscht. Dazu schreibt der Forscher Friedemann Schrenk (geb. 1956), 2006:

Die Neandertaler besaßen ein Gehirn, dessen Volumen mit ca. 1600 ccm deutlich über dem Durchschnitt des modernen Menschen liegt. Sowohl die Augenhöhlen als auch die Nase sind relativ groß. [...] Sie erreichten im Durchschnitt nur etwa 1,60 m Größe. Allerdings war ihr Gewicht mit durchschnittlich 75 kg ca. 30 Prozent höher als bei modernen Menschen gleicher Größe. Die Neandertaler waren stark gebaut und besaßen besonders dickwandige Knochen. [...] 1997 gelang durch genetische Untersuchungen an Neandertalerknochen der Nachweis, dass die DNS der Neandertaler von der moderner Menschen so unterschiedlich war, dass der letzte gemeinsame Vorfahre schon vor mehr als 800 000 Jahren gelebt haben muss.

Leben in der Eiszeit

In den Kaltphasen der Eiszeiten war die Flora zum größten Teil durch eine Tundren- und Steppenvegetation geprägt, die Fauna durch kälteresistente Tiere, wie zum Beispiel Mammut und Wollnashorn, gekennzeichnet. Die Durchschnittstemperatur lag ca. 6 Grad unter der heutigen. Das Leben der Neandertaler der letzten Eiszeit war hart. Die meisten der gefundenen Skelette weisen Verletzungen auf. Die Lebenserwartung lag bei höchstens 40 Jahren, und es herrschte eine sehr hohe Kindersterblichkeit. Im Zahnschmelz der Neandertaler finden sich Anzeichen für Unterernährung. In [...] Kurdistan wurde das Skelett eines Mannes gefunden, der besonders schwer unter Krankheiten und Verletzungen zu leiden hatte: Auf einem Auge war er durch eine massive Kopfverletzung erblindet, ihm fehlte eine Hand, ein Arm war verkrüppelt, sein linkes Bein war mehrmals gebrochen und wieder verheilt, die Knochensubstanz war verändert. Die Tatsache, dass er trotz dieser schweren Behinderungen lange Zeit überlebte, scheint darauf hinzudeuten, dass ihm von Mitgliedern der Gruppe aktive Hilfe und Fürsorge zuteil wurde. So darf vielleicht bei den Neandertalern ein hohes Maß an Mitgefühl und Verantwortungsbewusstsein angenommen werden.

Die Neandertaler der Eiszeit lebten als Jäger und Sammler. Das Mammut spielte eine wichtige Rolle als Rohstoff- und Fleischlieferant. Die Neandertaler verstanden es, die Tiere optimal zu verwerten. Da im subarktischen Klima die Auswahl und Verfügbarkeit an pflanzlicher Nahrung begrenzt waren, war Fleisch das wichtigste Grundnahrungsmittel. [...]

Das Elfenbein der Mammutstoßzähne bildete den Rohstoff für Waffen, Geräte, vielleicht auch Schmuck. Da in der Steppenlandschaft das Holz knapp war, wurden Mammutknochen als Brennmaterial verheizt. Wo Mammuts in großer Zahl gejagt wurden, dienten ihre Stoßzähne, die Langknochen und sogar die Schädel als Baumaterial für Hütten aus Mammutknochen.

Erste Bestattungen

Die Neandertaler bestatteten ihre Toten und gaben ihnen Grabbeigaben mit. Zum ersten Mal in der langen Geschichte der Menschheitsentwicklung nahm man sich der Verstorbenen an. [...] Oft sind die Toten in Kauerstellungen begraben, manchmal finden sich Farben und Ausrüstung oder sogar Proviant für ein Weiterleben nach dem Tod. [...] Möglicherweise deuten die Bestattungen auch den Beginn religiösen Verhaltens an, und es ist nicht völlig auszuschließen, dass die Neandertaler an ein Leben nach dem Tode glaubten.

Schicksal des Neandertalers

Die Neandertaler kamen mit den Lebensbedingungen der Eiszeit gut zurecht. Sie jagten Mammute, Wollnashörner, Rehe, Wildpferde, Moschusochsen oder Saigaantilopen, [...] sie schützten sich vor Kälte und lebten in Freilandbehausungen oder vor Höhlen, sie beherrschten das Feuer meisterhaft, sie konnten die gesamte Bandbreite an Lauten erzeugen, die wir vom modernen Menschen kennen – hatten also mit Sicherheit eine gut entwickelte Sprache. [...] Sie sorgten für Alte und Gebrechliche, sie organisierten ihre Gesellschaft. Um so überraschender ist es, dass sich trotzdem keine Überreste finden lassen, die jünger sind als ca. 27 000 Jahre und typische Neandertaler-Merkmale aufweisen – offensichtlich sind die Neandertaler trotz ihrer entwickelten Kultur ausgestorben. Sie wurden abgelöst durch den modernen Menschen, der zur selben Zeit bereits in Afrika entstanden war. Sehr wahrscheinlich wurden jedoch die Neandertaler nicht gewaltsam verdrängt oder gar ausgerottet. Erst nach und nach gewann der moderne Mensch die Oberhand.

Friedemann Schrenk: Die Frühzeit des Menschen. München 2006, S. 111-114

War der Neandertaler nur ein primitiver Muskelprotz?

Erster Fund: Im Jahr 1856 im Neandertal bei Düsseldorf (danach auch Namensgebung); lange Zeit hielt man die Neandertaler für primitive Höhlenmenschen

Verbreitungsgebiet: Europa und Naher Osten

Was sagen die Forschungsergebnisse der Wissenschaftler über die Neandertaler?

Erscheinung/Aussehen:

Großes Gehirn; starker Körperbau; große Nase und Augenhöhlen; schwere Knochen; mit uns modernen Menschen nicht verwandt

Optimal an die Lebensbedingungen der Eiszeit angepasst

Lebensweise:

Jäger und Sammler; Nahrungsmittelknappheit/ Unterernährung; geschickte Handwerker; Lebenserwartung höchstens 40 Jahre

Gingen intelligent mit den Dingen um, die die Natur ihnen bot

Kultur:

Bestatteten als erste Menschen ihre Toten; hatten eine Sprache; sorgten für ihre Alten und Kranken

Waren sozial eingestellt; hatten vielleicht schon einen religiösen Glauben

Anders als man lange glaubte, waren die Neandertaler Menschen mit einer entwickelten Kultur und sozialen Werten; dennoch starben sie vor ca. 30 000 Jahren aus. Die Gründe hierfür sind nicht geklärt

02 Das Leben in der Jungsteinzeit

Informationen zum Thema

Die Menschen hatten in ihren verschiedenen Entwicklungsstufen (Vormensch, Frühmensch, Jetztmensch) in der Altsteinzeit über Millionen von Jahren als Nomaden (Jäger und Sammler) gelebt. Vor etwa 8000 Jahren vollzog sich in Mitteleuropa ein grundlegender Wandel: Die Menschen wurden sesshaft. Damit begann die Jungsteinzeit, auch Neolithikum genannt. Eine wesentliche Ursache dafür lag im Klimawandel: Nach dem Ende der letzten Eiszeit stiegen die Temperaturen an. Es entstanden dichte und undurchdringliche Wälder, was dazu führte, dass die Menschen an Seen und Flüssen erste Behausungen bauten. Jagen und Sammeln reichten als Ernährungsgrundlage nicht mehr aus. Man ging dazu über, das Land zu kultivieren, die Äcker zu bebauen und Vieh zu züchten. Dadurch kam es zu einem Anstieg der Bevölkerungszahl. Man bezeichnet diesen Vorgang auch als „neolithische Revolution".

Angebaut wurden Einkorn und Emmer (frühe Weizenformen), Gerste, Flachs (für Leinen und damit Kleidung) sowie Erbsen und Linsen. Man lernte auch, aus gebranntem Ton Gefäße herzustellen, mit denen man Vorräte anlegen konnte. Das Brot gilt als Erfindung der Jungsteinzeit. Es gelang den Menschen, aus Wildtieren Haustiere zu züchten, Ziegen, Schafe, Schweine und Rinder. Das Pferd kam als Zugtier erst später dazu. Oft mussten die Menschen roden, da fast alles mit Wald bedeckt war. Das geschlagene Holz verwendeten sie für den Bau ihrer Langhäuser, in denen Großfamilien wohnten. An Seen errichtete man Häuser, die auf Holzpfählen standen. Holz wurde auch für den Bau von Palisadenzäunen benötigt, die man um die Dörfer herum anlegte, um sich vor Angreifern zu schützen.

Wichtigster Werkstoff der Jungsteinzeit war der Feuerstein. Sicheln, die mit scharfen Feuersteinklingen besetzt waren, erleichterten die Ernte. Auch für die Herstellung von scharfen Messern und Pfeilspitzen eignete sich dieser „Stahl der Steinzeit" bestens. Das Rad und die Spindel, mit der man Garn aus Leinen oder Wolle herstellen konnte, gelten als ebenfalls wichtige Erfindungen dieser Epoche. Mit der Jungsteinzeit begann der Mensch also, durch Rodung, Weidewirtschaft und Ackerbau erstmals in die Natur einzugreifen und sie zu gestalten.

Herbert Kohl

Ein Experiment

Im Jahr 2007 zeigte der Südwestrundfunk (SWR) eine vierteilige Dokumentation, in der zwei Familien in die Jungsteinzeit zurückversetzt wurden. Aus einem Bericht über diese Dokumentation:

Während der achtwöchigen Dreharbeiten lebt die Sippe in einer Pfahlbausiedlung im Hinterland des Bodensees. Es gibt weder Strom noch fließendes Wasser. Und eng ist es auch noch: 13 Personen teilen sich einen 20 Quadratmeter großen Wohnraum. Und die Haustiere leben gleich nebenan. [...]

In den Häusern wurde in erster Linie geschlafen – geschützt vor der Witterung und vor wilden Tieren. [...] Das tägliche Leben spielte sich dagegen [...] im Freien ab. Draußen [...] wurden Werkzeuge und Kleider gefertigt, Feldfrüchte und Getreide verarbeitet und andere anliegende Arbeiten erledigt. [...] Dabei gab es bereits erste Spezialisierungen: In einer Schweizer Pfahlbausiedlung konnten Forscher nachweisen, dass dort nicht alle die gleichen Aufgaben erledigten, sondern dass es Jäger, Fischer und Bauern gab. Ob diese dann auch unterschiedlich angesehen waren, weiß man allerdings nicht. [...]

Auch außerhalb des Dorfes pflegten die Menschen Kontakte. Am Bodensee fanden Forscher beispielsweise Feuersteine, die von südlich der Alpen stammten und als Tauschobjekte in die Pfahlbausiedlungen kamen. [...] Zwei Männer aus der Fernsehsippe brechen nach etwa vier Wochen im Dorf zu einer Alpenüberquerung auf. Sie sind ausgerüstet wie „Ötzi", der Mann aus dem Eis [...]: mit Lederwams, Beinlingen, einem Grasmantel und einem Rucksack mit dem Nötigsten. Sie werden sich von Pemmikan, einer Mischung aus Fett, Trockenfleisch und Trockenfrüchten ernähren – und von dem, was sie auf ihrem Weg finden. Übernachten werden sie im Freien oder unter Felsüberhängen. Nach vier Wochen sind die 350 km von Bregenz nach Bozen geschafft, der Beweis, dass schon in der Steinzeit die Alpen kein unüberwindliches Hindernis darstellten.

http://www.swr.de/steinzeit/bhtml/DAS_EXPERIMENT,1177579601.html (Zugriff: 3.1.2008)

Wie lebten die Menschen in der Jungsteinzeit?

Vor etwa 8000 Jahren: Der Mensch wird sesshaft; Häuser und Siedlungen entstehen.
Gründe:
- Günstigeres Klima
- Dichte Wälder machten das Jagen schwer
- Mehr Nahrungsmittel nötig → Bevölkerungswachstum

Neolithische Revolution

Ackerbau

- Nutzpflanzen für Nahrung und Kleidung
- Tongefäße ermöglichen Vorratshaltung

Viehzucht

- Nutztiere für Wolle, Leder, Milch und Fleisch
- Zugtiere (Ochse, Pferd) für schwere Lasten

weitere Erfindungen wie Rad, Spindel, Feuersteinklingen

Weitere Erkenntnisse der Forscher:

- Das Leben spielte sich hauptsächlich im Freien ab
- Es gab schon eine erste Spezialisierung in verschiedene „Berufe“ (man vermutet, dass die Frauen eine wichtige Stellung im Leben der Gemeinschaft hatten)
- Es gab Handel über große Entfernungen; auch die Alpen wurden dabei überquert

Wichtig: Der Übergang zur sesshaften Lebensweise geschah nicht plötzlich; die Lebensweise der Altsteinzeit (als Nomaden) existierte gleichzeitig weiter, verlor aber an Bedeutung (auch heute gibt es noch Nomaden)

03 Der Nil und das alte Ägypten

Ein Lobgesang auf den Nil

Gesang des Dichters Cheti um 2000 v. Chr.:

Preis dir, Nil, der du aus der Erde entspringst,
hervorkommst, um Ägypten Leben zu bringen.
Du Verborgener, der dunkel aus der Tiefe zu Tage kommt,
du Schlamm Oberägyptens, der die Sümpfe tränkt,
von Re [dem Sonnengott] erschaffen,
um alle Durstigen zu erquicken.
Der Gerste schafft und Emmer [Getreideart] wachsen lässt,
der die Tempel festlich ausstattet.
Wenn er träge ist, dann verengen sich die Nasen,
und jedermann verarmt.
Wenn dann die Opferbrote für die Götter
geschmälert werden,
gehen die Menschen scharenweise zugrunde.
Wenn er den Geizigen spielt, leidet das ganze Land.
Groß und Klein rufen: „Schreite weit aus!"
Sobald er naht, strömen die Menschen zusammen.
Wenn er steigt, jubelt das Land. [...]
Er ist es, der Nahrung bringt, reiche Speisen [...],
der den Herden Futter beschafft
und damit jedem Gott Schlachtopfer besorgt.
Er hat die Macht über Ägypten, er füllt die Speicher
und weitet die Scheunen,
er gibt den Armen Unterhalt.
Er ist der, der den Schlamm ausspeit, wenn er sich
über die Felder wälzt,
der den einen reich macht, den anderen arm.
Er fällt ein Urteil, ohne
dass man widersprechen kann,
einer, der sich keine Grenzen setzen lässt.
Wenn er aber schwerer lastet, sterben die Menschen,
denn er tötet sie durch die Seuche des Jahres [Hochwasser].
Jeder legt seine Geräte nieder,
es gibt keine Stricke für das Schiffstau mehr,
keine Kleider, sich zu kleiden,
nicht einmal die Kinder der Vornehmen
können geschmückt werden.
Es gibt keine Augenschminke mehr, die Haare fallen aus,
keiner kann sich salben. [...]
Ihr Menschen, die ihr alle Götter preist,
fürchtet euch vor der Macht, die sein Sohn (Pharao) ausübt,
der Herr über alles, der seine beiden Länder gedeihen lässt. [...]
Auf Verborgener, auf Verborgener, mach dich auf, Nil,
komm nach Ägypten!

Aus: Jan Assmann (Hrsg.): Ägyptische Hymnen und Gebete. Zürich/Müchen 1975, S. 500

Der Nil – Mittelpunkt des Lebens

Jedes Jahr spielte sich über Jahrtausende im alten Ägypten das gleiche Naturereignis ab: Im Frühjahr stieg der Nil stark an und überschwemmte die Ufer für etwa drei Monate. Die Ursache dafür, starke Regenfälle im äthiopischen Hochland, war den Ägyptern unbekannt.

Wenn die Überschwemmung langsam zurückging und der fruchtbare Schlamm auf den Feldern liegen blieb, kamen Gesandte des Königs. Ihre Aufgabe war es, die Größe und Aufteilung der Felder neu zu berechnen. Sie waren Feldvermesser, die den Bauern das zu bebauende Land zuteilten. Damit auch nach der Aussaat genügend Wasser vorhanden war, bauten die Bauern gemeinsam Dämme, Kanäle und Schöpfvorrichtungen, mit denen sie das Wasser auf die höher gelegenen Felder transportieren konnten. War das Getreide reif, kam der Schreiber. Er führte Buch über die Ernte und legte die Abgaben fest.

Der Nil wurde zum Mittelpunkt des Lebens aller Ägypter; er war ihre Heimat. Sie nannten ihr Land „Kemet" (das schwarze Land) und sich selbst das „Volk am Fluss". Sie erkannten, dass sie die vielen Aufgaben, vor die der Nil sie stellte, nicht allein bewältigen konnten. Im Laufe der Zeit bildeten sich für bestimmte Aufgaben eigene Berufe und damit Spezialisten. Schon ab etwa 3000 v. Chr. gab es für die Verwaltung Beamte. Eine für alle wichtige Persönlichkeit war z. B. der „oberste Scheunenverwalter". Er war für die Versorgung der Bevölkerung zuständig und kümmerte sich darum, dass Getreide für Notfälle abgeliefert und in großen Kornkammern gelagert wurde. Man bezeichnet diese Entwicklung hin zu speziellen Kenntnissen und Tätigkeiten auch als Arbeitsteilung.

Die „Nilschwelle", also das jährliche Ansteigen des Nils, gehört heute der Vergangenheit an. Mit dem Bau des riesigen Assuan-Staudamms im 20. Jahrhundert ließ sich der Wasserstand des Nils und damit die Bewässerung der Felder vom Menschen regeln. Auf diese Weise wurden im Niltal mehrere Ernten pro Jahr möglich.

Herbert Kohl

Was bedeutete der Nil für die alten Ägypter?

Text des Lobgesangs:
Nil wird als Gabe der Götter gesehen und wie ein Gott angebetet

Wenn er „träge" und „geizig" ist, also wenig Wasser bringt, verarmen die Menschen, und das Land leidet

Die Nilschwelle = regelmäßig wiederkehrendes Hochwasser

Wenn er „schwer lastet", also zuviel Hochwasser bringt, sterben Menschen, gibt es keine Arbeit, Arme und Reiche leiden

Nil = Lebensader Ägyptens
(➔ eine *Flussoase*
inmitten eines Wüstenlandes)

Aufgaben, die der Nil den Menschen stellt

Feldvermesser teilen den Bauern Land zu

Man baut Dämme und Kanäle; es wird gesät

Die Schreiber des Pharao führen Buch über die Ernte

Man legt Vorräte für schlechte Zeiten an
(vgl. Moses 41:
die sieben „fetten"
und die sieben „mageren" Jahre)

Die von der Nilschwelle ausgehenden Arbeiten führen zu einer Spezialisierung und Arbeitsteilung; die Gesellschaft wird dadurch stärker gegliedert (von oben nach unten; man nennt das *Hierarchie*)

04 Der Bau der Pyramiden

Ein griechischer Geschichtsschreiber über die Entstehung der Pyramiden

Der griechische Geschichtsschreiber Herodot bereiste im 5. Jahrhundert v. Chr., also über 2000 Jahre nach dem Bau der Pyramiden, Ägypten. Aus seinem Reisebericht:

Cheops[1] hat das Land ins tiefste Unglück gestürzt. Zunächst hat er alle Heiligtümer zuschließen lassen und das Opfern verhindert. Weiter hat er alle Ägypter gezwungen, für ihn zu arbeiten. Die einen mussten aus den Steinbrüchen im arabischen Gebirge[2] Steinblöcke bis an den Nil schleifen. Über den Strom wurden sie auf Schiffe gesetzt, und andere mussten die Steine weiterschleifen bis hin zu den so genannten libyschen Bergen. 100 000 Menschen waren es, die jeweils daran arbeiteten, [...] je drei Monate[3]. So wurde das Volk bedrückt, und es dauerte zehn Jahre, ehe nur die Straße gebaut war, auf der die Steine dahergeschleift wurden, ein Werk, das mir fast ebenso gewaltig erscheint, wie der Bau der Pyramide selbst. Denn die Straße ist fast einen Kilometer lang und 18 Meter breit. [...] Zehn Jahre vergingen also, bis diese Straße und die unterirdischen Kammern auf jener Höhe, auf der die Pyramiden stehen, gebaut waren. Die Kammern sollten seine Grabkammern sein. [...] An der Pyramide selbst wurde 20 Jahre gearbeitet.

Herodot 2,124 ff.. Aus: Geschichte in Quellen. Altertum, bearbeitet von Walter Arend. 4. Aufl. München 1989, S. 15 (Übers.: A. Horneffer)

Was man heute über die Pyramiden weiß

Die ersten Pharaonen wurden in unterirdischen Grabkammern bestattet. Darüber schüttete man Kieshügel auf. Sie sollten an den „Urhügel" aus der ägyptischen Schöpfungsgeschichte erinnern. Aus diesem Hügel war nach dem Glauben der Ägypter alles Leben auf der Erde entstanden. Um 2700 v. Chr. ließ der Pharao Djoser in Sakkara eine Stufenpyramide für sich als Grab errichten. Etwa 100 Jahre später ließen Cheops und seine Nachfolger die drei großen Pyramiden von Gizeh bauen.

Neben den Pyramiden gab es in einem großen, ummauerten Bezirk weitere Gebäude, die meisten davon Gräber von hohen Adligen, andere dienten als Tempel. Dort brachten die Priester regelmäßig für den verstorbenen Pharao Opfer dar. Am Eingang des Bezirks wachte eine riesige Löwenfigur, der Sphinx (73 m lang, 20 m hoch) über den heiligen Bezirk.

Die Pyramide des Cheops ist mit 146 Metern Höhe die höchste der drei Pyramiden von Gizeh, ihre Seitenlänge beträgt 230 Meter. Sie besteht aus ungefähr 2,5 Millionen Steinquadern. Die meisten Steine wiegen ca. 2,5 Tonnen, manche sogar bis zu 15 Tonnen. Mit welcher Technik die Pyramide errichtet wurde, ist bis heute noch nicht genau bekannt. Ungefähr in der Mitte befand sich die Grabkammer des Pharao, in der heute noch der leere Sarkophag besichtigt werden kann.

Da der Pharao als göttliches Wesen galt, glaubten die Ägypter, dass die Pyramiden eine Art Himmelsleiter für den verstorbenen König waren. Über sie sollte er zu den göttlichen Sternen emporsteigen und zu den Feierlichkeiten für die Toten wieder auf die Erde zurückkehren. Da die Pyramiden, in denen sich prachtvolle Grabbeigaben befanden, schon in ägyptischer Zeit ausgeraubt wurden, ging man später dazu über, die Pharaonen in verborgenen Felsengräbern im Tal der Könige zu bestatten. Doch auch hier wurden die meisten dieser unterirdischen Gräber von Grabräubern ausgeplündert.

Man geht heute davon aus, dass die Pyramiden weder von Sklaven noch unter Zwang gebaut wurden. Die Bauern hatten während der gut drei Monate dauernden Nilflut keine Arbeit und wurden deshalb zu Arbeiten für den Staat herangezogen. Die meisten Forscher nehmen an, dass sie es als Ehre betrachteten, für den Pharao arbeiten zu dürfen. Sie bekamen zwar keinen Lohn, wurden aber meist ausreichend mit Lebensmitteln versorgt.

Herbert Kohl

[1] Der Pharao Cheops regierte von 2620-2580 v. Chr.
[2] Gebirge im Osten Ägyptens
[3] Zeit der Nilüberschwemmung

Wozu baute man die Pyramiden?

Der griechische Geschichtsschreiber *Herodot* schreibt:

- Der Pharao stürzte sein Volk mit dem Pyramidenbau ins Unglück
- Er zwang die Menschen zum Pyramidenbau
- Die Steine wurden von weit her (arabisches Gebirge) unter größten Mühen herangeschafft

Herodot kennt den tieferen Sinn der Pyramiden nicht;
er ist auch über ihre Erbauung schlecht informiert
(z.B. stammten die meisten Steinquader aus Steinbrüchen, die nur wenige hundert Meter entfernt vom Bauplatz der Pyramiden lagen)

Was man heute über die Pyramiden weiß:

Erinnern an den Urhügel aus der ägyptischen Schöpfungsgeschichte

Sollten eine „Himmelsleiter" für den Pharao sein

Cheops-Pyramide:
146 m hoch, 230 m lang
2,5 Millionen Steinquader

Grabmäler für die Pharaonen

Erbaut von Bauern (während der jährlichen Nilflut) und Spezialisten (Architekten, Steinmetze usw.)
➤ Sahen es als Ehre an, für den Pharao zu arbeiten

- Die Pyramiden hatten eine tiefe religiöse Bedeutung (von der Herodot nichts wusste)
- Sie wurden im Altertum als eines der sieben Weltwunder angesehen (das einzige, das heute noch existiert)

05 Der Beruf des Schreibers

Informationen zum Beruf des Schreibers im alten Ägypten

Die Erfindung der Schrift (um 3000 v. Chr.) gehört zu den großen Kulturleistungen der Ägypter. Sie war eine wichtige Voraussetzung für die Entstehung einer Hochkultur im alten Ägypten. Am Anfang handelte es sich bei den Hieroglyphen (heilige Einritzungen) um eine Bilderschrift. Aus dieser wurde im Laufe der Zeit eine Buchstabenschrift, die aber für die Verwendung im Alltag sehr aufwendig und kompliziert war. Die Schreiber verwendeten daher eine von den Hieroglyphen abgeleitete, einfachere [hieratische[1]] Schrift. Der Beruf des Schreibers war sehr angesehen, da damals nur sehr wenige Menschen schreiben konnten. Man musste ihn über mehrere Jahre auf speziellen Schreibschulen erlernen. Dies war in der Regel nur Jungen und Männern möglich.

Das Werkzeug des Schreibers bestand aus drei Teilen: einem Köcher mit Schreibbinsen (hohle Pflanzenstängel, die die Tinte aufnehmen konnten), einem rechteckigen Brett mit zwei Vertiefungen für schwarze und rote Tinte, und einem Beutel, in dem die trockenen Farbbrocken aufbewahrt wurden. Geschrieben wurde erst auf Kalkplatten und Tonscherben, später auf Papyrus.

Ab dem Mittleren Reich, das um 2000 v. Chr. begann, bildeten der Beruf des Schreibers und der des Beamten eine Einheit. Die Schreiber waren als Unterbeamte zuständig für die Überwachung der Ernte, sie kontrollierten die Bewässerungsanlagen und Vorratshäuser und beaufsichtigten die Handwerker beim Bau von Tempeln und Palästen.

Herbert Kohl

Belehrung eines Schreibers an seinen Sohn

Dieser Text ist ca. 2000 v. Chr. entstanden. Ihn mussten Schüler in Schreibschulen als Übungstext schreiben:

Du sollst dich um die Schriften kümmern. [...] Es gibt nichts, das über die Bücher ginge. Ich lasse dich die Schriften mehr lieben als deine Mutter. Ich führe dir ihre Schönheit vor Augen; sie ist größer als die aller anderen Berufe, und im ganzen Lande gibt es nichts, was ihnen gliche. Kaum hat ein Schriftkundiger angefangen heranzuwachsen – er ist noch ein Kind –, so wird man ihn grüßen und als Boten senden; er wird nicht zurückkommen, um sich in den Arbeitsschurz zu stecken. Einen Bildhauer kann man nicht als Boten sehen, noch einen Goldschmied, der ausgeschickt würde. Ich habe den Erzarbeiter über seiner Arbeit beobachtet, an der Öffnung seines Schmelzofens. Seine Finger sind krokodilartig, er stinkt mehr als Fischlaich. Jeder Holzarbeiter, der den Meißel führt, ist müder als ein Ackersmann. [...] In der Nacht fühlt er sich zerschlagen, da er über seine Kräfte geleistet hat bei der Arbeit, aber selbst in der Nacht brennt er Licht. Der Steinmetz graviert mit dem Meißel in allerlei harten Steinen. Hat er die Arbeit vollendet, so versagen ihm seine Arme, und er ist müde; wenn er sich des Abends hinsetzt, sind seine Knie und sein Rücken gebrochen. [...]

Der Töpfer steckt in seinem Lehm; der beschmiert ihn mehr als ein Schwein, bis er seine Töpfe gebrannt hat. Seine Kleidung ist steif vor Lehm. Die Luft bläst ihm ins Gesicht, wie sie aus dem Ofen kommt. Er stampft den Lehm mit seinen Füßen und wird dabei selber zerstoßen. [...] Der Weber ist innen in der Werkstatt, er hat es schlechter als eine Frau, die gebiert; seine Knie drücken auf seinen Magen, und er bekommt keine Luft. Wenn er den Tag verbracht hat, ohne zu weben, wird er mit fünfzig Peitschenhieben geschlagen. [...] Dem Schuster geht es sehr schlecht, er ist ewig unter seinen Gerbbottichen. Es geht ihm so gut, wie es einem unter Leichen geht. Alles, was er beißt, schmeckt nach Leder. Der Wäscher wäscht auf dem Uferdamm, sein Nachbar ist das Krokodil. [...] Man ruft ihm zu: „Die Wäsche! Komm schnell zu mir!" [...] Siehe, es gibt keinen Beruf, in dem einem nicht befohlen wird, außer dem des Beamten; da ist er es, der befiehlt. Wenn du schreiben kannst, wird dir das mehr Nutzen bringen als alle die Berufe, die ich dir dargelegt habe. Nützlich ist dir schon ein Tag in der Schule, und eine Ewigkeit hält die in ihr geleistete Arbeit vor.

Aus: Geschichte in Quellen. Altertum, bearbeitet von Walter Arend. 4. Aufl. München 1989, S. 29f.

---

[1] Priesterlich, heilige Gebäude betreffend

Warum es sich lohnt, Schreiber zu werden

SCHRIFT

Grundlage für die Entstehung der ägyptischen Hochkultur (ermöglicht geschriebene Gesetze, religiöse Vorschriften, Vermessungen und Berechnungen, Berichte usw.)

Nur wenige konnten lesen und schreiben; der Beruf des Schreibers war sehr angesehen

Der Schreiber kontrollierte und beaufsichtigte; er war als Beamter für den Pharao tätig

Die Schrift ist schön; es gibt nichts Wichtigeres als Bücher

Der Schreiber

Man grüßt ihn; man sendet ihn als Boten

Niemand darf ihm befehlen; er gibt die Befehle

Man macht sich schmutzig

Die anderen Berufe

Sie sind anstrengend und machen krank

Man riecht streng; für schlechte Arbeit wird man bestraft

Quellenkritik:

Dieser Quellentext stellt die anderen Berufe sehr einseitig dar; er macht sie absichtlich schlecht, weil er die Schüler anspornen will, fleißig zu lernen

➔ **Er soll für die Schule motivieren**

06 Der Glauben der alten Ägypter

Das bessere Leben im Jenseits

Die Religionswissenschaftlerin Petra Schilm über den Glauben der alten Ägypter, 2001:

Der ägyptische König, der Pharao, vermittelte als „Herrscher beider Länder" (also von Ober- und Unterägypten) zwischen der Welt der Menschen und der göttlichen Sphäre [Bereich].

Hauptverehrungsstätten der ägyptischen Gottheiten waren die Tempel des Landes. [...] Im Allerheiligsten eines Tempels, das für gewöhnliche Sterbliche nicht zugänglich war, befand sich die Kultstatue als Wohnstätte der jeweiligen Gottheit. An dieser Götterstatue vollzog der oberste Tempelpriester als Vertreter des Pharao mehrmals täglich ein Ritual: Das Götterbild wurde mit Nahrung versorgt, gereinigt, gesalbt, geschminkt, bekleidet und mit Gold geschmückt. Bei großen öffentlichen Festen wurde das Götterbild von einem Schrein umgeben aus dem Tempel geführt.[...]

Sie verbanden ihre Götter und Göttinnen auch zu Familien, zur Dreiheit aus Vatergott, Muttergöttin und göttlichem Kind. [...] Eine altägyptische Gottheit kann nicht nur in Menschengestalt dargestellt werden, sondern gleichzeitig auch tiergestaltig oder als Mischwesen mit menschlichem Körper und Tierkopf auftreten.[...] Es gab nicht nur einen Schöpfergott, nicht nur einen Sonnengott, sondern mehrere. Auf der anderen Seite kann ein Gott oder eine Göttin verschiedene Funktionen [Aufgaben] gleichzeitig erfüllen. Auch die Grenzen zu anderen Gottheiten waren fließend.

Die altägyptischen Gottheiten waren wie Menschen der Zeit unterworfen. Sie können sogar sterben (wie etwa Osiris). [...] So der Sonnengott, der seinen alltäglichen Lauf über den Himmel als neugeborenes Kind beginnt und ihn abends als Greis beendet. Um sich zu verjüngen, muss er in die Unterwelt hinabsteigen, alle Bezirke durchfahren, um morgens wiedergeboren zu werden, [...] was zugleich eine Überwindung des Todes bedeutet.

Nach dem Glauben der Ägypter schuf der Tod erst die Voraussetzung für ein weiteres, besseres Leben im Jenseits. [...] Die Unversehrtheit des Körpers war dabei eine grundlegende Vorbedingung, um in den Genuss eines ewig andauernden Lebens im Jenseits zu kommen. Aus diesem Grunde wurde der tote Körper mumifiziert, mit verschiedenen Amuletten und magischen Zaubersprüchen ausgestattet (etwa die des Totenbuches) und mit aufwendigen Begräbnisritualen beigesetzt. [...] Die Gräber als Wohnstätten der Verstorbenen wurden mit reichhaltigen Grabbeigaben ausgestattet: Nahrungsmittel, Dinge des täglichen Lebens, aber auch Luxusartikel wie Schmuck gehörten dazu. Der Tote sollte im Jenseits keinerlei Mangel erleiden. [...]

Nach einer frühen Vorstellung dachte man sich das Totenreich in der westlichen Wüste jenseits der Friedhofsbezirke am Wüstenrand des Niltales. Das wissen wir aus Beamtengräbern des Alten Reiches. Das Sterben als Übergang in eine andere Daseinsform wurde auch als „Gang in den schönen Westen" bezeichnet. Auch ein Jenseits im Himmel war bekannt, wie die ältesten Totentexte Ägyptens, die Pyramidentexte, belegen. Dieses unterirdische Totenreich wird als dunkel beschrieben und gilt als Reich des Gottes Osiris.

Petra Schilm: Vorstellungen vom Jenseits im alten Ägypten; in: http://www.museumsart.de/$WS/museumsart/websale-museumsart/Kolumne/Schilm2.htm (Zugriff: 9.1.2009)

„Ich bin rein"

Texte wie der folgende (entstanden um 1500 v. Chr.) wurden den Verstorbenen beigegeben; sie wurden entweder auf den Sarkophag gelegt oder in die Mumie eingewickelt; man sammelte sie später im so genannten Totenbuch:

Ich habe kein Unrecht gegen Menschen begangen, und ich habe keine Tiere misshandelt. [...] Ich habe keinen Gott beleidigt. [...] Ich habe kein Waisenkind an seinem Eigentum geschädigt. Ich habe nicht getan, was die Götter verabscheuen. Ich habe keinen Diener bei seinem Vorgesetzten verleumdet. Ich habe nicht Schmerz zugefügt und niemanden hungern lassen, ich habe keine Tränen verursacht. Ich habe nicht getötet, und ich habe auch nicht zu töten befohlen; niemandem habe ich ein Leid angetan. Ich habe am Hohlmaß nichts hinzugefügt und nichts vermindert, ich habe das Flächenmaß nicht geschmälert und am Ackerland nichts verändert. Ich habe zu den Gewichten der Handwaage nichts hinzugefügt und das Lot der Standwaage nicht verschoben. Ich habe die Milch nicht vom Mund des Säuglings fortgenommen, ich habe das Vieh nicht von seiner Weide verdrängt. [...] Ich bin rein, ich bin rein, ich bin rein, ich bin rein!

Aus: Erik Hornung: Altägyptische Dichtung. Stuttgart 1996, S. 121ff.

Woran glaubten die alten Ägypter?

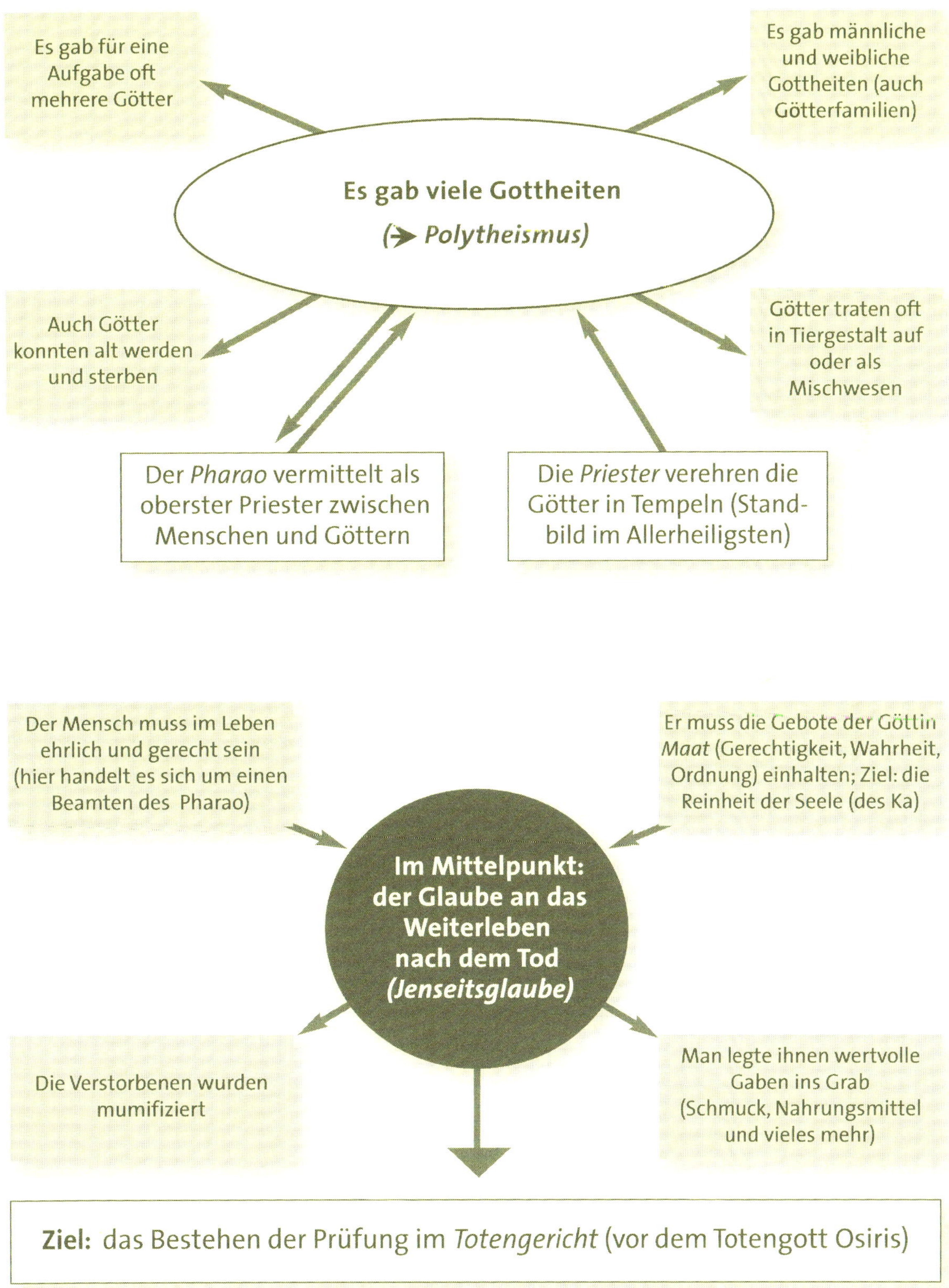

07 Die griechische Kolonisation – viele Griechen wandern aus

Informationen zum Thema

Ab dem 8. vorchristlichen Jahrhundert kam es in Griechenland immer wieder zu Missernten und Hungersnöten, verursacht durch Regenmangel und Dürre. Auch war die Bevölkerung stark angewachsen. In der Zeit von 750-550 v. Chr. entschlossen sich daher viele Stadtstaaten und Inseln, einen Teil ihrer Bevölkerung in anderen Gegenden des Mittelmeers anzusiedeln. Die Auswanderer gründeten neue Städte, die Tochterstädte oder Kolonien genannt werden. Dies geschah hauptsächlich im westlichen Kleinasien, rund um das Schwarze Meer, in Süditalien und auf Sizilien, in Südfrankreich, Südspanien und Nordafrika.

Das Gebiet, in dem sich die Kolonisten ansiedelten, sollte fruchtbar sein und ein angenehmes Klima bieten. Ein geschützter Hafen war ebenso notwendig wie die Möglichkeit, die neue Stadt gegen Feinde, häufig die bisherigen Bewohner der Gegend, durch eine entsprechende Befestigung zu schützen. Jede Kolonie übernahm von der Mutterstadt neben der Stadtgottheit auch die Regierungsform, trieb auch verstärkt mit ihr Handel, war ansonsten aber unabhängig. Trotz der großen Entfernung zum Mutterland fühlten sich die Siedler und ihre Nachkommen als Teil der griechischen Welt. Der Philosoph Sokrates bemerkte dazu spöttisch: „Wir Griechen sitzen um unser Meer wie Frösche um die Teiche."

Herbert Kohl

Die Theraier gründen eine Kolonie

Der Historiker Herodot (5. Jh. v. Chr.) berichtet über ein Ereignis, das sich ungefähr 200 Jahre zuvor auf der Insel Thera, dem heutigen Santorin, abgespielt hat:

Grinnos, dem König von Thera, wurde bei einem Besuch in Delphi[1] die Anweisung erteilt, er solle eine Kolonie in Libyen gründen. Er erwiderte darauf: „Ich bin zu alt und zu müde; befiehl doch einem Jüngeren hier, dem Battos, die Sache zu übernehmen." Aber sie wussten nicht, wo Libyen lag, und unternahmen zunächst nichts, da sie es nicht wagten, Siedler ins Ungewisse und Unbekannte auszusenden. Nach einer siebenjährigen Trockenzeit, in der alle Bäume auf der Insel bis auf einen verdorrten, befragten die Theraier noch einmal das Orakel, das sie an den alten Spruch erinnerte.

Sie fanden auf Kreta einen Mann, der Libyen kannte. Es war ein Fischer, den Stürme einst an die libysche Küste verschlagen hatten. Sie gaben ihm Geld und erkundeten mit ihm zunächst eine vorgelagerte Insel und meldeten das Ergebnis zu Hause. Die Theraier beschlossen, dass aus allen sieben Gemeinden der Insel immer je einer von zwei Brüdern auswandern sollte. Führer und König sollte Battos sein. So legten zwei Fünfzigruderer nach Libyen ab. Sie kamen aber bald wieder zurück. Die Theraier jedoch schossen auf sie und ließen sie nicht landen. Sie mussten zurückfahren. Notgedrungen besiedelten sie Platea, eine Insel an der libyschen Küste.

Hier wohnten sie zwei Jahre, aber es ging ihnen auch hier schlecht, und sie fuhren, unter Zurücklassung eines einzigen Mannes, allesamt nach Delphi. Auf ihre Bitte antwortete die Pythia: „Wenn ihr, ohne es gesehen zu haben, das herdengesegnete Libyen besser als ich kennt, muss ich eure Weisheit bewundern." Da siedelten sie sich in Libyen selber an, gegenüber der Insel. Die Landschaft hieß Aziris. Zu beiden Seiten des Höhenzuges ist ein herrliches Tal und an einer Seite fließt ein Fluss entlang. An dieser Stelle lebten sie sechs Jahre. Im siebten zeigten die Libyer ihnen einen noch schöneren Platz, wo sie Kyrene gründeten. Sie führten sie an eine Quelle, die dem Apollon heilig sein soll, und sagten: „Hellenen! Hier ist die rechte Stelle für die Gründung eurer Stadt. Hier kommt der Segen des Himmels über euch."

Herodot, 4. Buch, 150-159. Stuttgart 1971 (Übers.: A. Horneffer; gek. u. vereinf.)

[1] Das Orakel von Delphi war eine Pilger- und Weissagungsstätte des antiken Griechenlands und befand sich in der Nähe der Stadt Delphi in der Landschaft Phokis. Als wichtigste Kultstätte der hellenistischen Welt galt sie lange Zeit als Mittelpunkt der Welt. Die Sprüche des Orakels wurden von der Priesterin Pythia verkündet.

Warum wandern viele Griechen aus?

Griechische Kolonisation:

- Vom 8. bis 6. Jh. v. Chr. verlassen viele Griechen ihre Heimat
- Gründe: Überbevölkerung, Trockenheit, Missernten, Hungersnöte
- Besiedlung der Küsten von Mittelmeer und Schwarzem Meer

Ein Beispiel: die Insel Thera (heute Santorin)

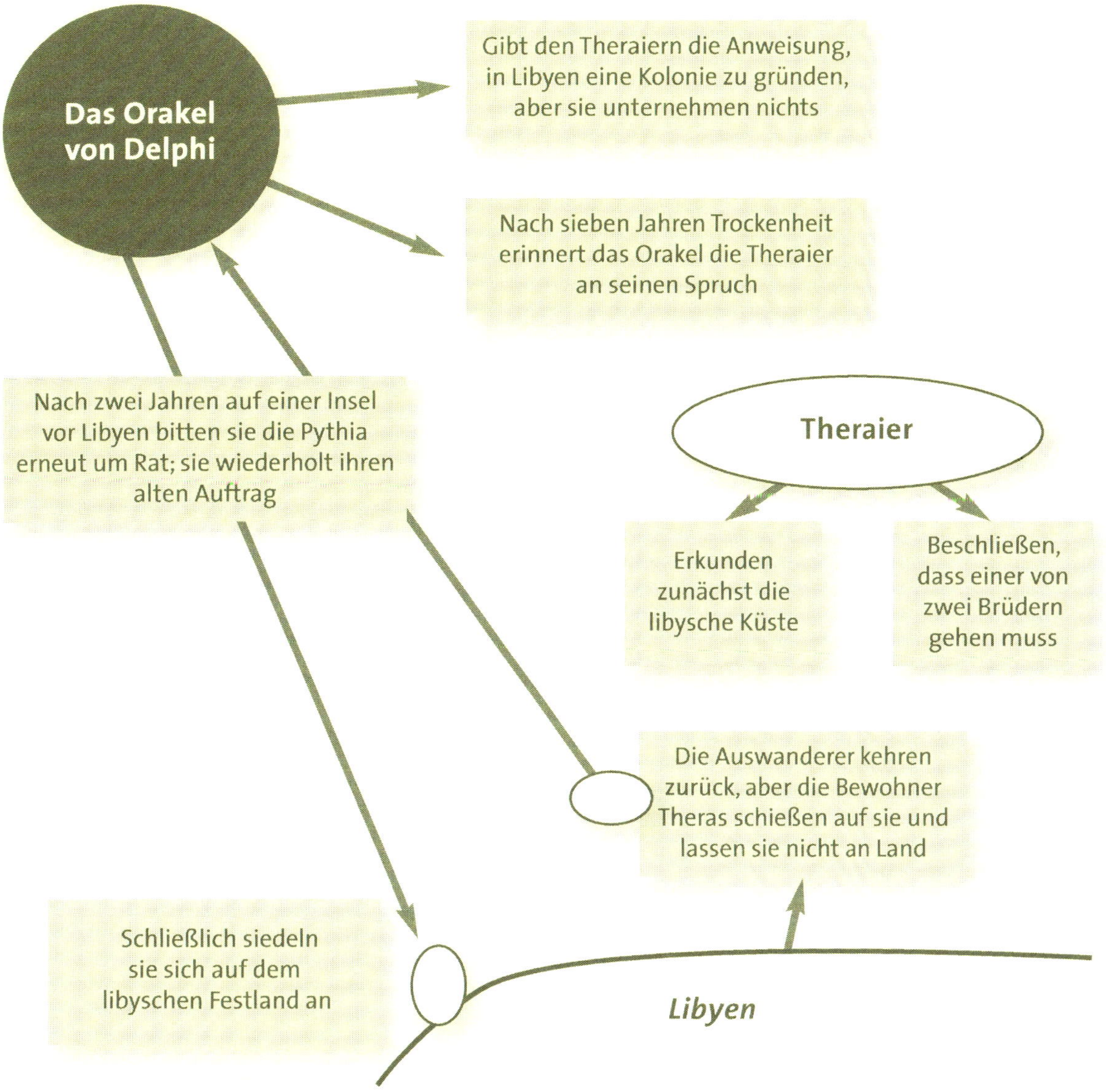

Das Ergebnis: Die griechische Kultur verbreitet sich im gesamten Mittelmeerraum; trotz räumlicher Trennung fühlen sich die Griechen als ein Volk

08 Die Olympischen Spiele

Informationen zu Olympia

Alle vier Jahre trafen sich freie Griechen aus dem gesamten Mittelmeerraum in Olympia, um dort ihre sportlichen Wettkämpfe auszutragen. Die ersten Siegerlisten stammen aus dem Jahr 776 v. Chr. Die meisten Wettkämpfe wurden nackt ausgetragen. Beim Faustkampf, vor allem aber beim Pankration (Allkampf), einer Sportart, in der fast alles erlaubt war, konnte es zu schweren Verletzungen, ja sogar Todesfällen kommen. Beim Wagenrennen wurde nicht der Wagenlenker, sondern der Besitzer des Gespanns Olympiasieger. So kamen vereinzelt auch Frauen zu dieser Ehre. Geehrt wurde nur der Sieger, und zwar mit einem Kranz aus Olivenzweigen, die anderen gingen leer aus. In ihren Heimatstädten wurden die Olympiasieger als Helden gefeiert, bekamen Geldgeschenke und andere Wohltaten. Sie konnten es sich leisten, keinen anderen Beruf auszuüben und sind unseren modernen Profisportlern vergleichbar. So wurden die Griechen zum „Erfinder" des sportlichen Wettkampfs. Die Olympischen Spiele bestanden fast 1200 Jahre, bis sie der römische Kaiser Theodosius im Jahr 394 n. Chr. verbieten ließ. Das Römische Reich war christlich geworden, und die Christen sahen in den Spielen einen heidnischen Kult. Im Jahr 1896 wurde die olympische Idee von dem Franzosen Pierre de Coubertin neu belebt. Die ersten Olympischen Spiele der Neuzeit fanden in Athen statt.

Herbert Kohl

Die Wettkämpfe

Die Olympischen Spiele fanden im August statt, zur Zeit des Vollmonds. Festfolge der Spiele zur Zeit des Perikles, 5. Jh. v. Chr.:

1. Tag: Feierliche Eröffnung der Spiele durch Opfer im heiligen Bezirk. Aufstellung der Kämpferliste, Auslosung der Paare. Die Athleten leisten den olympischen Eid vor dem Standbild des Zeus[1] im Rathaus. Kampf der Knaben.
2. Tag: Wettstreit der Herolde und Trompeter vor der Echohalle. Wagenrennen. Fünfkampf: Diskus, Weitsprung, Speer, Stadionlauf (192 m), Ringen. Totenopfer für Pelops[2].
3. Tag (Tag des Vollmonds): Festprozession zur Altis, dem durch eine Mauer umgebenen heiligen Bezirk. Entzünden der Fackeln am Altar der Göttin Hestia[3] im Amtsgebäude der Oberbeamten (Prytanen). Festzug; 1. Herolde und Trompeter; 2. Kampfrichter in Purpurgewändern und mit einem Lorbeerkranz um die Stirne; 3. Priester; 4. Opfertiere; 5. Vertreter der Behörden und die ausländischen Gesandtschaften; 6. Wettkämpfer. Pferde und Wagen der Teilnehmer an den Wagenrennen. Einzug des Festzuges durch das Prozessionstor. Am Altar vor dem Zeustempel: das heilige Opfer, heilige Gesänge, Flötenspiel. Gebete. Abends Opferschmaus.
4. Tag: Schwerathletische Kämpfe: Ringen, Faustkampf, Pankration (Allkampf). Waffenlauf, fast 400 m.
5. Tag: Siegerehrung im Zeustempel mit Dankopfer zu Ehren des Zeus. Festgelage.

Zur Siegerehrung betreten die Sieger mit der weißen Binde um das Haupt den Zeustempel. Dort werden sie durch die Kampfrichter mit dem heiligen Ölzweig bekränzt. [...] Ein Herold verkündet die Sieger der verschiedenen Kämpfe mit Namen, Vaternamen und Heimatstadt. [...] Alle Sieger werden im Rathaus von Olympia bewirtet. Abends laden die Sieger ihre Freunde zu einem festlichen Mahl ein, das durch Gesänge [...] verschönt wird. Sehr reiche Sieger, wie z. B. Alkibiades von Athen, bewirten unter Umständen sämtliche Festteilnehmer (!) von Olympia.

Aus: Heinz Dieter Schmid (Hrsg.): Fragen an die Geschichte, Bd. 1. Frankfurt/M. 1983, S. 46

Spiele des Friedens

Der griechische Redner Isokrates (436-338 v. Chr.) sagte in einer Festrede für die Olympischen Spiele:

Zu Recht loben wir die Gründer unserer großen Festspiele. Denn sie haben uns die Sitte überliefert, an einem Ort zusammenzukommen, nachdem Frieden verkündet worden ist und wir unsere Streitigkeiten beigelegt haben. Wenn wir an diesem Ort dann gemeinsam beten und opfern, werden wir daran erinnert, dass wir miteinander verwandt sind. Wir bekommen freundlichere Gefühle füreinander, machen alte Freundschaften wieder lebendig, knüpfen neue für die Zukunft.

Isokrates„ Panegyrikos 43-44; übers. und bearb. v. P. Offergeld.; aus: Geschichte und Geschehen, Bd. 1. Stuttgart 2004, S.89

---

[1] Zeus: oberster und mächtigster olympischer Gott in der griechischen Mythologie
[2] Pelops: Herrscher von Olympia und Erneuerer der Olympischen Spiele
[3] Hestia: Göttin des Familien- und Staatsherdes, des Herd- und Opferfeuers und eine der zwölf olympischen Götter

Die Olympischen Spiele der Griechen – mehr als nur Sport!

1. Tag:
Opfergaben, olympischer Eid

2. Tag:
Wagenrennen, Fünfkampf

3. Tag:
Festprozession, heiliges Opfer für Zeus

4. Tag:
schwerathletische Kämpfe, Waffenlauf

5. Tag:
Siegerehrung im Zeustempel, Festgelage

Die olympischen Spiele waren nicht nur Sport, sondern auch eine religiöse Veranstaltung (für Zeus)

Warum trafen sich die (freien) Griechen in Olympia?

- Die Spiele gaben den Teilnehmern ein Gefühl der Zusammengehörigkeit
- Der Sport förderte Freundschaft und Frieden (Waffenruhe während der Spiele)
- Die Sportler konnten ihre Leistungen zeigen und Ruhm ernten

Die Spiele in Olympia waren Ausdruck des Zusammengehörigkeitsgefühls aller Griechen im Mittelmeerraum

Bedeutung für die Sportler:

- Sieger wird mit Ölzweig bekränzt und in seiner Heimat reich beschenkt
- Viele Olympiasieger *(Olympioniken)* waren Berufssportler (➔ Kein grundlegender Unterschied zu heute)

Die Griechen „erfanden“ den Sport als Wettkampf;
Verbot durch den christlichen Kaiser im 4. Jh. n. Chr. wegen heidnischer Bedeutung

Hinweis: Die Olympischen Ringe entstanden erst im Jahr 1913, geschaffen von Pierre de Coubertin als Symbol für die fünf Kontinente

09 Erziehung in Sparta

Der griechische Geschichtsschreiber Plutarch (50-120 n..Chr.) berichtet in seiner Lebensbeschreibung des Gesetzgebers der Stadt Sparta, Lykurg[1], wie dieser auch das Erziehungswesen in dieser Polis ordnete:

Mit der Erziehung, die er für die größte und wichtigste Aufgabe des Gesetzgebers ansah, fing er ganz von vorn an und richtete sein Augenmerk auf Eheschließungen und Kinderzeugung. [...] Auch hat Lykurg den Frauen jede mögliche Sorgfalt zugewendet. Er kräftigte die Körper der Jungfrauen durch Laufen, Ringen, Diskus- und Speerwerfen, damit die Zeugung der Kinder in kräftigen Körpern erfolge. [...] Weichlichkeit, Verzärtelung und alles weibische Wesen verbannte er und gewöhnte die Mädchen ebenso wie die Knaben, nackt ihre Aufzüge zu halten und bei gewissen Festen zu tanzen und zu singen. [...]

Das zur Welt Gekommene aufzuziehen unterlag nicht der Entscheidung des Erzeugers, sondern er hatte es an einen Ort zu bringen [...], wo die Ältesten der Gemeindegenossen saßen und das Kind untersuchten und, wenn es wohlgebaut und kräftig war, seine Aufzucht anordneten und ihm eins der 9000 Landlose zuwiesen; war es aber schwächlich und missgestaltet, so ließen sie es zur so genannten Ablage bringen, einem Felsabgrund am Taygetos-Gebirge. Denn sie meinten, für ein Wesen, das von Anfang an nicht fähig sei, gesund und kräftig heranzuwachsen, sei es besser, nicht zu leben, sowohl um seiner selbst wie um des Staates willen. [...] Die Ammen erzogen die Säuglinge dazu, nicht eklig und wählerisch beim Essen zu sein, keine Angst zu haben im Dunkeln oder wenn sie allein waren, und frei zu sein von hässlicher Übellaunigkeit und Weinerlichkeit. [...] Die Knaben der Spartaner aber gab Lykurgos nicht in die Hände von gekauften oder gemieteten Pädagogen, noch durfte jeder seinen Sohn halten und aufziehen, wie er wollte, sondern er nahm selbst alle, sobald sie sieben Jahre alt waren, zu sich und teilte sie in „Horden", in denen sie miteinander aufwuchsen, erzogen und gewöhnt wurden, beim Spiel wie bei ernster Beschäftigung immer beisammen zu sein. Als Führer der „Horde" wählten sie sich denjenigen, der sich durch Klugheit und Kampfesmut auszeichnete. Auf ihn blickten sie, hörten auf seine Befehle und unterwarfen sich seinen Strafen, so dass die Erziehung wesentlich im Erlernen des Gehorsams bestand. [...] Lesen und Schreiben lernten sie nur soviel, wie sie brauchten; die ganze übrige Erziehung war darauf gerichtet, dass sie pünktlich gehorchen, Strapazen ertragen und im Kampfe siegen lernten. Daher verschärften sie bei fortschreitendem Alter das Training, schoren sie bis auf die Haut und gewöhnten sie, barfuß zu gehen und ihre Übungen in der Regel nackt zu halten. Sobald sie zwölf Jahre alt waren, gingen sie stets ohne Unterkleidung, bekamen nur einen Mantel aufs Jahr, waren am ganzen Körper schmutzbedeckt und durften weder baden noch sich salben, bis auf wenige Tage des Jahres, an denen sie solcher Annehmlichkeiten teilhaftig werden durften. Sie schliefen zusammen in Gruppen und Untergruppen auf Streuschütten, die sie selbst zusammentrugen, indem sie die Spitzen des am Eurotas[2] wachsenden Schilfs mit bloßen Händen ohne Messer abbrachen. [...] Indes die Erziehung im Gesang und in der Musik wurde nicht weniger eifrig betrieben als die Bemühung um gutes und klares Reden. Ihre Lieder enthielten etwas den Mut Entflammendes und begeisternden Tatendrang Erweckendes, und die Texte waren einfach und ungekünstelt; sie sollten die Knaben zu einem sittlichen Leben erziehen. Es waren zumeist Lobgesänge, in denen die für Sparta Gefallenen glücklich gepriesen wurden, Hohngesänge auf die Feiglinge, was für ein erbärmliches, unglückseliges Leben sie führten.

Aus: Geschichte in Quellen. Altertum, bearbeitet von Walter Arend. 4. Aufl. München 1989, S. 143f. (Übers.: K. Ziegler)

---

[1] Nach heutigem Forschungsstand ist Lykurg wahrscheinlich keine historische, sondern eine mythische Person.

[2] Fluss auf der griechischen Halbinsel Peloponnes, auf der auch Sparta lag

Wie erzogen die Spartaner ihre Kinder?

Nach der Geburt: Die Neugeborenen werden untersucht; schwächliche und missgebildete Kinder werden ausgesetzt

Die Mädchen

Erziehungsmaßnahmen	Erziehungsziele
treiben Sport (Laufen, Ringen usw.)	➔ Kräftiger Körper, gesunde Kinder
bewegen sich nackt vor anderen / tanzen und singen bei Aufzügen	➔ sollen nicht verweichlichen und „weibisch“ werden

Die Jungen

Erziehungsmaßnahmen	Erziehungsziele
lernen schon als Säuglinge, keine Angst vor dem Alleinsein zu haben und alles zu essen	➔ sollen nicht ängstlich und launisch sein, sich nicht ekeln
werden ab dem siebten Lebensjahr nicht mehr von den Eltern erzogen, sondern in „Horden“	➔ sollen sich in eine Gruppe einfügen
lernen gehorchen, Strapazen ertragen und kämpfen; kaum Hygiene, einfache Kleidung	➔ sollen sich abhärten, gehorsam sein
Wenig Schulbildung; Loblieder auf die Vorfahren/Spott über die Feinde	➔ sollen stolz auf ihre Herkunft sein und andere Menschen verachten

▼

Sie sollen auf ihr späteres Leben als Soldaten vorbereitet werden

Gründe dafür:

- Spartiaten waren eine kleine Minderheit und ständiger Bedrohung durch die Heloten (= Staatssklaven) ausgesetzt
- Die Kriegsführung der Spartiaten (➔ Phalanx) erforderte hohes Maß an Disziplin; dies mussten schon Kinder lernen

▼

Sparta war ein Kriegerstaat; alles wurde dort dem Krieg untergeordnet

10 Perikles – ein athenischer Bürger

Plutarch, ein Grieche aus Chäronea in Böotien, lebte ca. 45-125 n. Chr. als Gutsbesitzer und Schriftsteller in seiner Heimatstadt. Als Privatgelehrter leitete er eine kleine Akademie. Außerdem bekleidete er eine Anzahl von Ehrenämtern. Er verfasste einen Lebenslauf des Perikles (ca. 500-429 v. Chr):

Perikles stammte von beiden Eltern her aus vornehmster Familie. [...] Am meisten lernte Perikles von dem Philosophen Anaxagoras, den seine Zeitgenossen wegen seiner Naturkenntnisse allgemein bewunderten. Von ihm lernte Perikles die Verachtung des Aberglaubens und die Einsicht, dass man bei ungewöhnlichen Naturerscheinungen nicht in Furcht vor den Göttern zu geraten braucht, wenn man die natürlichen Ursachen der Erscheinungen kennt. [...]

Da sein Aussehen und seine Stimme an den gestürzten Tyrannen Peisistratos[1] erinnerte und weil er durch seine vornehme Herkunft auch reich war und einflussreiche Freunde hatte, fürchtete er anfangs das Scherbengericht[2]. Als sich Perikles zur Politik entschloss, trat er deshalb auf die Seite der besitzlosen Masse – obgleich er innerlich nicht demokratisch eingestellt war –, weil der damals angesehenste Politiker, der reiche Kimon, als Vertreter der wohlhabenden Minderheit galt. Kimon speiste und kleidete arme Athener und ließ von seinen Landgütern die Zäune wegreißen, damit sich jeder Früchte holen könne. Da Perikles so vermögend nicht war, verteilte er Spenden aus der Staatskasse. Durch Tagegelder für den Besuch der Schauspiele und durch Besoldung der Volksrichter gewann er die niederen Volksschichten und konnte mit ihrer Hilfe die Befugnisse des Areopags [des Rats der ehemaligen Oberbeamten] beschränken. Diese Oberbeamten wurden durch das Los bestimmt und rückten im Anschluss an ihre Amtszeit in den Areopag ein. Perikles war jedoch nie durch das Los Oberbeamter geworden. Allmählich war seine Anhängerschaft im Volk so groß, dass das Scherbengericht den mächtigen und verdienten Kimon verbannte. [...]

40 Jahre lang war Perikles der erste unter den führenden Politikern Athens, und nach dem Sturz des Thukydides[3] wurde ihm 15 Jahre hintereinander das sonst jährlich wechselnde Strategenamt [Feldherrnamt] übertragen. Der Geschichtsschreiber Thukydides[4] urteilt deshalb, die politische Führung des Perikles sei nur dem Scheine nach eine Demokratie, in Wirklichkeit aber die Herrschaft des ersten Mannes gewesen. Andere behaupten, er habe das Volk durch Verlosung überseeischen Siedlungslandes, durch die Schauspielgelder und durch die Tagegelder für öffentliche Ämter, die früher ehrenamtlich gewesen waren, maßlos verwöhnt, und die nüchternen und arbeitsamen Athener seien durch seine Politik bedenkenlose Verschwender geworden. [...]

Der Kriegsdienst verschaffte zwar den jungen, kriegstauglichen Männern ein gutes Auskommen aus dem Bundesschatz, aber Perikles wollte auch die nicht Kriegsdienst leistende Masse der Handwerker an den Bundeseinnahmen teilhaben lassen. Deshalb legte er dem Volk großzügige, langfristige Pläne für öffentliche Bauten vor. Dafür benötigte man Steine, Erz, Elfenbein, Gold, Zypressen- und Ebenholz. Um das Material zu verarbeiten, brauchte man viele Handwerker, z. B. Baumeister, Bildhauer, Steinmetzen, Goldschmiede, Maler. Durch Seetransporte erhielten Kaufleute und Matrosen, durch Überlandtransporte Wagner, Fuhrleute, Seiler, Sattler, Straßenwarte und Bergleute, aber auch viele Hilfsarbeiter Beschäftigung. So verdienten an diesen Arbeiten alle Schichten und Gewerbe.

Aus: Heinz Dieter Schmid (Hrsg.): Fragen an die Geschichte, Bd. 1. Frankfurt/M. 1983, S. 72f.

---

[1] Peisistratos (600-528/527 v. Chr.): Politiker, der durch einen bewaffneten Staatsstreich Tyrann von Athen wurde

[2] Scherbengericht: Verfahren, unliebsame oder zu mächtige Bürger aus dem politischen Leben der Stadt zu entfernen. Der Begriff ist abgeleitet von Ostrakon, Tonscherbe, da Bruchstücke von Tongefäßen als „Stimmzettel" verwendet wurden. Die Teilnehmer ritzten in die Scherben Namen von unliebsamen Personen ein; nach der Wahl wurde die meistgenannte Person für zehn Jahre verbannt. Der Verbannte durfte seinen Besitz behalten und war auch sonst nicht vollkommen entrechtet.

[3] Thukydides (490-429 v. Chr.): Politiker und Feldherr

[4] Thukydides (460-399 v. Chr.): Historiker

Perikles:
Auf welche Weise erlangt ein Politiker die Gunst der breiten Volksmassen?

Persönliche Qualifikationen:
- Eindrucksvoller Rhetoriker
- Vornehme Abkunft
- Bildung
- Strategenamt vermittelt Macht und Prestige

Politische Maßnahmen:
- Steigerung des Prestiges der Stadt
- Hegemonie im attischen Seebund
- Förderung der politischen Teilnahme (Diäten)
- Ausplünderung der Bundesgenossen
- Verdrängung von politischen Konkurrenten

Populäre soziale Maßnahmen:
- Ausgestaltung Athens
- Förderung des (See-) Handels
- Arbeitsbeschaffungsmaßnahmen
- Verlosung von Siedlungsland

Kontroverse Deutungen des Perikles und seiner Politik:
- Ein skrupelloser Machtpolitiker?
- Förderer einer Politik, die allen sozialen Schichten eine Beteiligung am Gemeinwesen ermöglichte?
- Förderer eines anspruchsvollen Bildungsprogramms?
- Vision einer Demokratie, in der sich jeder einzelne bewähren konnte? Demokratie existierte nur dem Schein nach.

11 Geschlechterrollen im antiken Athen

Der Historiker und Philosoph Xenophon (ca 430 v.Chr. bis 354) über die Aufgaben bei der Haushaltsführung:

Als sie [Xenophons Ehefrau] sich schon an mich gewöhnt und ihre Scheu soweit überwunden hatte, dass man sich mit ihr unterhalten konnte, fragte ich sie etwa so: Sag mir, Frau, hast du schon darüber nachgedacht, weshalb ich dich eigentlich genommen und deine Eltern dich mir gegeben haben? Denn dass es nicht an andern mangelte, mit denen wir hätten schlafen können, das ist, wie ich weiß, auch dir klar. Als ich für mich und deine Eltern für dich überlegten, wen wir als besten Partner für Haus und Kinder nähmen, habe ich dich, und deine Eltern, wie es scheint, aus den in Frage Kommenden mich ausgewählt. Wenn ein Gott einmal gewährt, daß wir Kinder haben, dann werden wir ihretwegen beraten, wie wir sie am besten erziehen; denn auch das ist für uns ein gemeinsames Gut, möglichst tüchtige Helfer und Pfleger im Alter zu bekommen; schon jetzt aber ist uns dieses Haus hier gemeinsam. Denn ich erkläre alles, was mir gehört, für unser gemeinsames Eigentum, und auch du hast alles, was du mitgebracht hast, zu unserem gemeinsamen Eigentum gemacht. Und nicht das kann unsere Aufgabe sein, zu rechnen, wer von uns beiden der Zahl nach mehr beigesteuert hat, sondern das, genau zu erkennen: wer von uns beiden der tüchtigere Partner ist, der steuert das Wertvollere bei.

Darauf antwortete mir meine Frau [...]: Was könnte ich dir denn helfen? Worin besteht denn meine Fähigkeit? Alles liegt doch bei dir; meine Aufgabe ist es, wie meine Mutter sagte, besonnen zu sein.

Bei Zeus, Frau, antwortete ich, das hat mir mein Vater auch gesagt. Aber es ist doch Sache der Besonnenen – ob Mann oder Frau –, so zu handeln, daß einerseits das Vorhandene bestmöglich erhalten wird, andererseits aber möglichst viel aus anständigem und gerechtem Wirken hinzukommt. [...]

Die Menschen, die etwas haben wollen, was sie unter Dach und Fach bringen können, brauchen natürlich Arbeitskräfte für die Arbeiten auf dem Felde: Denn Bodenbearbeitung, Aussaat, Pflanzen und Viehhüten – all das sind Arbeiten im Freien, und aus ihnen entstehen die Mittel zum Leben. Wenn sie unter Dach und Fach gebracht sind, wird wieder jemand gebraucht, der sie aufbewahrt und der die Arbeiten verrichtet, die im Hause zu erledigen sind. Das Haus ist nötig für die Versorgung der neugeborenen Kinder, aber auch für die Zubereitung der Speisen aus den Feldfrüchten, ebenso auch für die Herstellung von Kleidung aus Wolle. Da aber die Arbeiten drinnen und draußen beide der Ausführung und Aufsicht bedürfen, hat der Gott, so habe er gesagt, von vornherein die Natur entsprechend eingerichtet, und zwar, wie mir scheint, die der Frau für die Arbeiten und Beschäftigungen im Inneren des Hauses, die des Mannes für die Arbeiten und Beschäftigungen im Freien. Denn Kälte und Hitze, Märsche und Feldzüge besser aushalten zu können, hat er Leib und Seele des Mannes eingerichtet; deshalb übertrug er ihm die Arbeiten außerhalb des Hauses; der Frau aber hat der Gott anscheinend einen dazu weniger fähigen Körper geschaffen und ihr daher, so habe er gesagt, die Arbeiten im Inneren des Hauses zugewiesen. In dem Bewußtsein, daß er der Frau die Nahrung der neugeborenen Kinder in den Körper eingepflanzt und ihre Ernährung als Aufgabe zugewiesen hatte, teilte er ihr auch mehr Liebe zu den Neugeborenen zu als dem Mann. Da der Gott aber der Frau auch das Bewachen des ins Haus Eingebrachten zuwies und dabei wußte, daß es nicht schlecht ist, zum Bewachen eine ängstliche Seele zu haben, maß er der Frau auch einen größeren Anteil der Ängstlichkeit zu als dem Mann. In dem Bewußtsein, daß derjenige, der die Arbeiten außerhalb des Hauses verrichtet, auch die Verteidigung übernehmen muß, wenn jemand Unrecht tut, hat er diesem wiederum einen größeren Teil an Mut verliehen. Weil aber beide geben und empfangen müssen, hat er beiden Gedächtnis und Sorgfalt zu gleichen Teilen gegeben, so daß man nicht unterscheiden kann, welches Geschlecht, das weibliche oder das männliche, mehr davon besitzt.

Xenophon, Über die Hauswirtschaft, 7; aus: Quellen zur Geschichte der Frauen, Bd. 1. Stuttgart 2000, S. 118-120 (Übers.: Gert Audring)

Aufgaben der Geschlechter – wie steht es um die Gleichberechtigung?

Mann

Frau

- Entscheidet mit Eltern über Wahl der Ehegattin
- Stärkerer Körper
- Arbeiten außerhalb des Hauses
- Kriegsführung
- Belehrt seine scheue Frau

- Der tüchtigere Partner ist der „wertvollere"
- Gemeinsamer Besitz
- Beide verfügen über Sorgfalt und Gedächtnis
- Beide beraten über Kinder

- Soll „besonnen" sein
- Ängstlicher als Mann, daher für „Bewachen" zuständig
- Mehr Liebe zu Kindern
- Für Arbeiten im Haus zuständig (Kinder, Essen zubereiten, Kleidung, Bewahrung der Feldfrüchte)

- Patriarchalische Geschlechterordnung
- Weitgehende Rechtlosigkeit der Frau
- Demokratischer Grundgedanke der Isonomie (bürgerlichen Gleichheit) wird halbiert

12 Alexander der Große – wirklich ein „Großer“?

Informationen zu Alexander

Im Jahr 334 v. Chr. begann der junge makedonische König Alexander seinen Feldzug gegen das Perserreich. Sein Ziel war es, die Zerstörung der Akropolis in Athen, die König Xerxes 150 Jahre zuvor befohlen hatte, zu rächen. Zur Seite stand ihm ein Heer aus 30 000 Fußsoldaten und 5000 Reitern.

Alexander zog über Troja, wo er dem Helden der Ilias, Achill, opferte, nach Süden und besiegte ein persisches Heer am Fluss Granikos. Die Städte an der Westküste Kleinasiens fielen ihm zu, sodass die mächtige persische Flotte keine Stützpunkte mehr besaß. Der persische König Dareios stellte sich ihm zum ersten Mal bei Issos entgegen (333 v. Chr.), gab sich aber schnell geschlagen. Nun zog Alexander durch Syrien weiter nach Süden. In Ägypten ließ er sich von den Priestern als Sohn des Sonnengottes Amun-Re feiern. Dort ließ er auch an der Nilmündung eine neue Stadt erbauen, die er nach sich selbst „Alexandria“ nannte. Später gründete er in den von ihm eroberten Gebieten noch ungefähr 30 weitere Städte dieses Namens.

Die entscheidende Schlacht schlug Alexander bei Gaugamela in Mesopotamien (331 v. Chr.). Das Heer des Dareios war hier zahlenmäßig deutlich überlegen. Als die Schlacht bereits verloren schien, stürzte sich Alexander an der Spitze seiner Reiter in den Kampf und riss seine Soldaten zum Sieg mit. Nun nannte Alexander sich selbst Großkönig und bezeichnete sich als Nachfolger des Dareios. Er eroberte die persischen Königsstädte Babylon und Susa; die Stadt Persepolis zerstörte er als Rache für die Zerstörung Athens durch die Perser 480/479 v. Chr.

Alexander verstärkte sein Heer mit persischen Soldaten und neuen Truppen aus Griechenland. Er zog mit 60 000 Mann über Gebirge und durch Wüsten 5000 Kilometer weit nach Osten, bis ihn seine Soldaten am Fluss Indus zur Umkehr zwangen. Im Jahr 323 v. Chr. starb Alexander unter bis heute nicht geklärten Umständen. Er wurde nur 33 Jahre alt.

Herbert Kohl

Urteile über Alexander

Der Geschichtsschreiber Plutarch (45-125 n. Chr.) schildert, wie Alexander und sein General und Freund Kleitos bei einem Trinkgelage aneinander gerieten:

Kleitos sagte verärgert: „Das Blut der Makedonen und meine Wunden hier waren es, die dich so groß gemacht haben, daß du deinen Vater Philipp verleugnest und dich dem Ammon als Sohn aufdrängst.“ Wütend entgegnete Alexander: „Meinst du, du könntest noch lange deine Freude daran haben, so von uns zu sprechen und die Makedonen gegen uns aufzuhetzen, du Schurke?“ „Nein“, rief Kleitos, „wir haben auch so keine Freude, wenn das der Lohn für alle unsere Mühen ist. Nein, glücklich sind die, die gefallen sind, ehe sie haben erleben müssen, [...] wie wir Makedonen bei Persern betteln müssen, dass man uns zu unserm König vorlässt.“ Nach einem weiteren Wortwechsel tötete Alexander den Kleitos mit seinem Speere.

Aus: Geschichte in Quellen. Altertum, bearbeitet von Walter Arend. 4. Aufl. München 1989, S. 336 (Übers.: W. Ax)

Beim griechischen Geschichtsschreiber Diodor, der rund 200 Jahre nach Alexander lebte, heißt es:

In kurzer Zeit hat dieser König große Taten vollbracht. Dank seiner eigenen Klugheit und Tapferkeit übertraf er an Größe der Leistungen alle Könige, von denen die Erinnerung weiß. In nur zwölf Jahren hatte er nämlich nicht wenig von Europa und fast ganz Asien unterworfen und damit zu Recht weit reichenden Ruhm erworben, der ihn den alten Heroen und Halbgöttern gleichstellte.

Aus: Hans-Joachim Gehrke: Alexander der Große. München 1996, S. 9.

Im 1. Jh. n. Chr. schrieb der römische Politiker und Philosoph Seneca (2-65 n. Chr.):

Den unglücklichen Alexander trieb seine Zerstörungswut sogar ins Unerhörte. Oder hältst du jemanden für geistig gesund, der mit der Unterwerfung Griechenlands beginnt, wo er doch seine Erziehung erhalten hat? [...] Nicht zufrieden mit der Katastrophe so vieler Staaten, die sein Vater Philipp besiegt oder gekauft hatte, wirft er die einen hier, die anderen dort nieder und trägt seine Waffen durch die ganze Welt. Und nirgends macht seine Grausamkeit erschöpft Halt, nach Art wilder Tiere, die mehr reißen als ihr Hunger verlangt.

Aus: Hans-Joachim Gehrke, Alexander der Große. München 1996, S. 100 f.

War Alexander wirklich ein „Großer"?

- **Seine Leistung:** Innerhalb weniger Jahre erobert er mit einer zahlenmäßig weit unterlegenen Armee das gesamte Perserreich und weitere Teile Asiens
- **Seine Persönlichkeit:** Mutig, guter Kämpfer, hervorragender Feldherr, aber auch aufbrausend, jähzornig und gewalttätig; genusssüchtig (er trank sehr viel; hatte mehrere Frauen); lässt sich von den Ägyptern als Gott verehren; bevorzugt am Ende persische Offiziere (übernimmt auch persische Sitten: verlangt von Besuchern den Kniefall)

Urteile über Alexander

Positiv (Diodor)

- Er war größer als alle anderen Könige, die man kennt
- Er eroberte in kurzer Zeit ein riesiges Reich
- Man muss ihn mit den alten Helden (z.B. Achill) und Halbgöttern (z.B. Herakles) gleichstellen

Negativ (Seneca)

- Er war von Zerstörungswut getrieben
- Er war geisteskrank: unterwarf Griechenland, wo er erzogen wurde (der Philosoph Aristoteles war sein Erzieher)
- Er war unersättlich wie ein wildes Tier

Als Feldherr leistete Alexander „der Große" etwas Einzigartiges, als Mensch wurde er schon in der Antike von vielen als problematisch angesehen

13 Die Gründung Roms

Die Geschichte der Gründung Roms, wie sie sich die Römer erzählten

Romulus, der Gründer Roms, und sein Zwillingsbruder Remus waren Nachkommen des Aeneas, der aus dem brennenden Troja geflohen und auf langen Umwegen nach Italien gekommen war. Zu den Nachfahren des Aeneas zählten der König der Latiner mit Namen Numitor und sein Bruder Amulius. Numitor wurde von Amulius von seinem Thron verjagt, und Amulius machte sich selbst zum König. Er zwang Numitors Tochter Rhea Silva, Priesterin zu werden. Dies bedeutete, dass sie nicht heiraten und keine Kinder bekommen durfte.

Doch Rhea Silva verstieß gegen dieses Verbot. Sie wurde die Frau des Kriegsgottes Mars und bekam von ihm Zwillinge, die Romulus und Remus genannt wurden. König Amulius wollte Rache an der Familie seines Bruders nehmen und befahl, die Kinder in einem Korb auf dem Tiber auszusetzen, damit sie ihm nicht eines Tages den Thron streitig machen würden. Doch sie ertranken nicht, wie der König gehofft hatte, sondern wurden von einer Wölfin gefunden, die sie wie ihre eigenen Jungen säugte. Ein Hirte mit Namen Faustulus entdeckte sie und nahm sie, als die Wölfin im Wald unterwegs war, mit seiner Frau als Kinder in seine Familie auf.

Als Romulus und Remus erwachsen waren, beschlossen sie, an der Stelle, an der die Wölfin sie gefunden hatte, eine Stadt zu gründen. Das war im Jahr 753 v. Chr. Doch sie gerieten in Streit darüber, wer Herrscher in dieser Stadt sein sollte. Sie beschlossen, den Himmel zu beobachten und den Willen der Götter zu ergründen. Wer in einer bestimmten Zeit mehr Adler beobachtete, sollte König sein. Romulus erblickte zwölf Adler, Remus dagegen nur sechs. Da begann Romulus, als neuer König um das künftige Stadtgebiet eine Mauer zu bauen. Remus verspottete den Bruder, indem er über die noch niedrige Mauer sprang. Das machte Romulus sehr zornig. Er erschlug seinen Bruder und sagte: „So soll es jedem ergehen, der über die Mauern dieser Stadt steigt!"

Auf diese Weise wurde Romulus zum Gründer der Stadt und gab ihr den Namen „Roma". Nun versprach Romulus allen, die in die neue Stadt kommen würden, Land und Freiheit, also das römische Bürgerrecht. So entstand die Siedlung am Fuße des Kapitolhügels. Die ersten Römer waren die Vorfahren des späteren Stadtadels, der Patrizier.

Herbert Kohl

Ein Grieche über die Etrusker und Römer

Der griechische Geschichtsschreiber Diodor aus Sizilien berichtet im 1. Jahrhundert. v. Chr.:

Es bleibt uns noch übrig, von den Tyrrhenern [Etruskern] zu sprechen. Dieses Volk, das sich von alters her durch Tapferkeit auszeichnete, eroberte viel Land und gründete zahlreiche ansehnliche Städte, gleichzeitig beherrschte es auf Grund seiner Seemacht lange Zeiten das Meer [...].

Dazu verstanden sie es, den obersten Beamten das nötige Ansehen zu verschaffen, indem sie ihnen die Liktoren[1] beigaben und den elfenbeinernen Stuhl und die purpurverbrämte Toga verliehen. Im Häuserbau erfanden sie die Vorhallen, eine gute Hilfe, die Störungen durch das Gedränge der aufwartenden Volksmenge zu vermeiden. Das meiste davon haben die Römer nachgeahmt und es – noch verschönert – in ihr eigenes Gemeinwesen übernommen.

Aus: Geschichte in Quellen. Altertum, bearbeitet von Walter Arend. 4. Aufl. München 1989, S. 391 (Übers.: A. Wahrmund)

Was die Archäologen herausgefunden haben

Zwischen den Hügeln von Rom hat man Gräber gefunden, die aus dem 9. bis 7. Jh. v. Chr. stammen. Diese waren ganz unterschiedlich, denn einer der Volksstämme, die Umbro-Sabeller, bestattete seine Toten, während der andere dort lebende Volksstamm, die Latino-Falisker, sie verbrannte. Daraus schließen die Archäologen, dass es noch keine gemeinsame Stadt gab. Sie nehmen an, dass Rom anfangs lange von den Etruskern beherrscht wurde (der Name ist abgeleitet vom etruskischen Wort „ruma"). Etwa 510 v. Chr. vertrieben die Römer ihren König. Das ist der Beginn der römischen Republik. Die Etrusker waren gute Handwerker und Erfinder. Von ihnen stammen die Wasserleitungen (Aquädukte) und die große Entwässerungsanlage, die half, die Sümpfe trockenzulegen.

Herbert Kohl

[1] Liktoren: früher die Leibwache des Königs, später Leibwache von hohen Beamten

Die Gründung Roms – Sage und Wirklichkeit

Die Römer glaubten, dass ihre Stadt von König Romulus gegründet wurde;
Forscher fanden heraus, dass es sich bei dieser Geschichte um eine Sage handelt:

Inhalt der Sage:	Was bedeutete dies?
• Die Römer stammen von griechischen Helden (Aeneas) und Göttern (Mars) ab	➔ Besondere Herkunft; große Bedeutung des Krieges
• Die Gründer der Stadt wurden von einer Wölfin gesäugt	➔ Die Römer sind ein Volk mit besonderen Eigenschaften (abgehärtet)
• Man vertraut den Zeichen der Natur	➔ Sie glauben an göttliche Zeichen in der Natur (➔ Vogelflug, Eingeweideschau usw.)
• Im Streit tötet der eine Bruder den anderen	➔ Eintracht und Zusammenhalt *(concordia)* als wichtige Werte

Die Gründungssage zeigt, wie sich die Römer selbst sahen („Gründungsmythos")

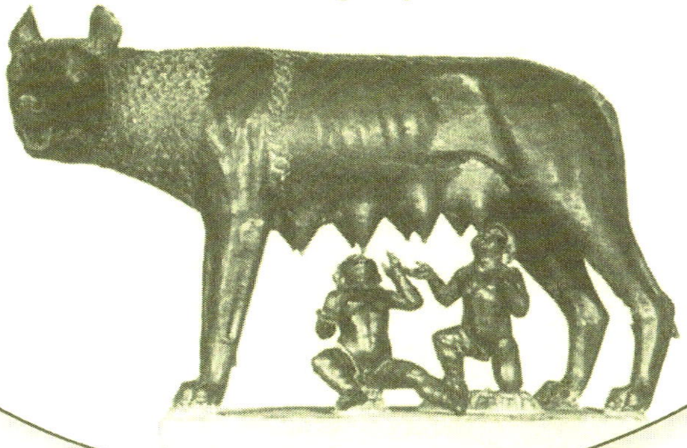

Wie es wirklich war:

- Die Römer wurden stark von den Etruskern beeinflusst (Staatswesen/Beamte; Häuserbau; Wasserleitungen; Götterglaube) und am Anfang auch von den Etruskern beherrscht
- Es gab anfangs keine gemeinsame Ansiedlung; Rom entstand wahrscheinlich aus mehreren Siedlungen um sieben Hügel

14 Der Ständekampf zwischen Patriziern und Plebejern

Beim Ständekampf (ca. 500-300 v. Chr.) ging es um den Einfluss der wohlhabenden Plebejer auf die aristokratische Ordnung, um den Zugang von nicht-adeligen Plebejern zu Ämtern, die bislang den Aristokraten, den Adeligen, vorbehalten waren. Dabei erreichten die Plebejer wichtige Zugeständnisse: So wurden Ehen zwischen Plebejern und Patrizieren erlaubt, und auch Plebejer konnten Magistrate und Konsuln werden. Inwiefern wurde dadurch die Vorherrschaft der Adeligen grundsätzlich in Frage gestellt?

Der römische Historiker Livius (59 v.-17 n. Chr.) über die Machtkämpfe zwischen Patriziern und Plebejern:

Es war ein schlimmes Jahr, daheim und draußen. Denn zu Beginn des Jahres veröffentlichte der Volkstribun[1] Gaius Canuleius einen Gesetzesvorschlag über die Möglichkeit einer Ehe zwischen Patrizieren und Plebejern, wodurch nach Meinung der Patrizier [...] die Vorrechte ihrer Familien verwischt wurden. Auch wurde – zuerst nur beiläufig – von den Tribunen der Gedanke geäußert, es solle gestattet sein, einen der beiden Konsuln aus der Plebs zu nehmen; das führte dann dazu, daß neun Tribunen einen Gesetzesvorschlag veröffentlichten, dem Volk solle das Recht zustehen, Konsuln zu wählen, wie es wolle, aus der Plebs oder aus den Patriziern. Wenn das aber geschehe, glaubten die Patrizier, erhielten die untersten Schichten nicht nur Anteil an der höchsten Gewalt, sondern sie werde dem Adel vollends genommen und der Plebs übertragen.

Die Patrizier waren darum froh, als sie hörten, daß die Bevölkerung von Ardea [...] das Bündnis aufgekündigt habe, daß Leute von Veji das römische Grenzgebiet verwüstet hätten [...]. Sie machten daher von allem noch mehr Aufhebens, damit bei dem Lärm so vieler Kriege die Reden der Volkstribunen verstummten. Sie ordneten an, daß Truppenaushebungen stattfinden sollten und daß man sich mit aller Macht zum Krieg wappne [...]. Da erklärte Gaius Canuleius im Senat kurz und mit erhobener Stimme: Vergeblich versuchten die Konsuln die Plebs durch Einschüchterungen von der Sorge um die neuen Gesetze abzubringen; solange er lebe, würden sie niemals eine Truppenaushebung durchführen, bevor die Plebs über die Vorschläge abgestimmt habe, die er und seine Amtsgenossen gemacht hätten. [...]

Und weil die Plebs in dem Tribunen einen sehr scharfen Verfechter ihrer Sache hatte und sie selbst ihm an Hartnäckigkeit nicht nachstand, kam es erst zu einem Ende der Auseinandersetzungen, als die Patrizier sich endlich geschlagen gaben und zuließen, daß der Antrag wegen des Rechtes zum Eingehen einer Ehe eingebracht wurde; so, glaubten sie, würden die Tribunen den Streit um die plebejischen Konsuln am ehesten aufgeben oder auf die Zeit nach dem Krieg verschieben und die Plebs sich bis dahin mit dem Recht zum Eingehen einer Ehe zufriedengeben und zur Truppenaushebung bereit sein.

Livius 4, 1, 6, übers. von Hans-Jürgen Rillen. Darmstadt 1991, S. 7 u. 21 (sprachlich vereinfacht)

1 Die Volkstribunen sollten die Interessen der Plebejer gegenüber dem Senat wahren; sie besaßen ein Vetorecht gegenüber Senatsbeschlüssen und konnten Plebiszite herbeiführen.

Plebejer gegen Patrizier:
Der Kampf um Gleichberechtigung – wer setzt sich durch?

Vor dem Ständekampf

Patrizier
- Zumeist Großgrundbesitzer
- Nur sie haben Zugang zu öffentlichen Ämtern
- Haben gesamte politische und wirtschaftliche Macht

↔

Plebejer
- Füllen als Fußtruppen das Heer auf
- Keine Ehen mit Patriziern möglich
- Schuldknechtschaft
- Kein Zugang zu politischen Ämtern
- Ohne politische Macht

Ständekampf

Plebejer fordern Gleichberechtigung

- Patrizier befürchten den Verlust ihrer Privilegien
- Drohen mit Krieg, der vom Konflikt ablenken soll

Tribunen verweigern Truppenaushebungen

↓

Kompromiss
- Volkstribune gewinnen an Ansehen
- Gesetze der plebejischen Volksversammlungen werden anerkannt
- Zugang zu Konsulat für reiche Plebejer
- Schicht der Nobilität (reiche Plebejer und Patrizier) entsteht
- Aber: Der aristokratische Charakter der römischen Verfassung bleibt erhalten.

15 Die römische Familie

Der Historiker Karl-Wilhelm Weeber, 2000:

Zur *familia* gehörten alle im Haushalt lebenden Menschen – und damit auch die Sklaven. In manchen Fällen konnte eine römische Familie damit mehrere hundert Köpfe umfassen. [...]

Wir beschränken uns [...] auf die Kern-Familie. Und die kam der modernen Vorstellung von der Größe einer Familie sehr nahe: Sie bestand aus Mann, Frau und Kindern. Dabei dürfte die übliche Kinderzahl zwischen einem und drei gelegen haben [...] – man praktizierte lieber Geburtenkontrolle durch Empfängnisverhütung und Abtreibung.

Großfamilien, bei denen man mit erwachsenen Geschwistern oder mit (Groß-)Eltern unter einem Dach lebte, waren die Ausnahme. Spätestens mit der Hochzeit wurde [...] ein eigener Hausstand gegründet. Natürlich gebot es die *pietas* [Pflichtgefühl], engen Verwandten wie Eltern, Geschwistern, Onkeln und Tanten in Notlagen zu helfen, sie ab und zu zu besuchen und bei Todesfällen als Familienverband in Erscheinung zu treten; aber ein enges tagtägliches Zusammenleben entsprach dem Wunsch der meisten Römer nicht. Auch die noch unverheirateten jungen Männer zogen etwa ab dem 18. Lebensjahr einen Junggesellen-Haushalt vor.

Aber nur mit der Zustimmung des Vaters! Denn der hatte kraft der allumfassenden väterlichen Gewalt theoretisch bis an sein Lebensende in allen Fragen die letzte Entscheidung. Das galt auch in finanzieller Hinsicht: Ohne eine freiwillige Unterhaltszahlung seitens des Vaters in Form eines dem Sohn zur Verfügung gestellten Sondervermögens sah es mit der ersehnten (relativen) Selbständigkeit schlecht aus.

Sicher war es leichter, an solche Unterhaltszahlungen zu kommen, wenn man als jugendliches Familienmitglied das tat, was von einem erwartet wurde. [...] Doch selbst unter dem Druck der *patria potestas*[1], die auch ein fast unbeschränktes privates Strafrecht umfaßte, wuchsen nicht nur Mustersöhne heran [...], daher waren Generationenkonflikte auch in römischen Familie keine Seltenheit.

Wieviel Wärme und Geborgenheit vermittelte die römische Familie? Die Rahmenbedingungen legen es nahe, ein vergleichsweise distanziertes Verhältnis zwischen den Eheleuten einerseits und in der Eltern-Kind-Beziehung andererseits anzunehmen. Die Machtfülle der *patria potestas* konnte zu einer Atmosphäre der Einschüchterung und Distanz führen – wenn sie in vollem Umfang ausgeschöpft wurde. [...] Auf der anderen Seite gibt es eine Reihe glaubwürdiger Berichte, wie liebe- und verständnisvoll Väter sich um ihre Kinder bemüht haben [...]. Der „Patriarch" Cato maior war so vernarrt in sein Söhnchen, daß ihn nur ganz wichtige Staatsgeschäfte daran hindern konnten, dabei zu sein, wenn die Frau den Säugling badete und wickelte. Derselbe Cato lehnte übrigens auch die Prügelstrafe als Züchtigungsinstrument gegen Kinder und Frau kategorisch ab. [...]

Die römische Ehe war grundsätzlich eine auf nüchternen Vernunftüberlegungen beruhende, oft von den Vätern ausgehandelte Verbindung. Gerade in den gesellschaftlich führenden Kreisen war die „romantische" Liebesheirat die Ausnahme. Zweck einer Heirat war es vielmehr, legitime Nachkommen hervorzubringen, um auf diese Weise zum Fortbestand der *gens [Sippe]* beizutragen. Scheiterte das an der (vermuteten) Unfruchtbarkeit der Frau, so war das nach altrömischer Auffassung ein gesellschaftlich akzeptierter Scheidungsgrund.

Eine emotionale Basis mußten sich die Eheleute also erst im tagtäglichen Zusammenleben erarbeiten. Zu einer intensiveren erotisch-sexuellen Beziehung führte das häufig nicht [...].

Beileibe nicht jeder Mann respektierte die Mutter seiner Kinder und ihre Rechtsstellung so wie der Alte Cato: Augustins Vater schlug seine Frau regelmäßig, und das war im afrikanischen Thagaste – und wohl auch anderswo – nichts Außergewöhnliches. [...]

Daß die Familie als Stütze gesellschaftlicher Stabilität seit der späten Republik erhebliche Risse bekommen hatte, ist nicht zu übersehen. Die Zahl der Scheidungen war hoch.

Karl-Wilhelm Weeber: Alltag im Alten Rom. Düsseldorf 2000, S. 86-89

---

[1] Uneingeschränkte Verfügungsgewalt des Vaters

Risse im römischen Patriarchat?

Patriarchale Ordnung:

- Pietas:
  Pflichtgefühl zur Hilfe
- Patria potestas:
  Ehrerbietung und Gehorsam gegenüber Vater
- Unbeschränktes privates Strafrecht
- Verheiratung ist Sache der Väter, kaum Liebesheiraten
- Männer schlagen Frauen

Risse im Patriarchat:

- Frühes Ausziehen der Söhne
- Generationskonflikte
- Römisches Erbrecht schützt Töchter und Frauen
- Hohe Scheidungsrate
- Außereheliche Beziehungen von Männern, aber auch von Frauen
- Widerstände, eine Familie zu gründen

- Römische Familie war weder eine reine Zwangsgemeinschaft noch eine friedliche Idylle
- Patriarchale Gewalt hatte in der Realität auch Grenzen
- Trotz offizieller Hochschätzung der Familie kann diese nicht als verlässliche „Stütze der Gesellschaft“ angesehen werden

16 Disziplin und Härte – die römische Armee

Drill der Soldaten

Der römische Kriegstheoretiker Vegetius, Ende des 4. Jh. n. Chr.:

Die jüngeren Soldaten und die Rekruten übten am Morgen und am Nachmittag mit jeder Art von Waffen. Die Veteranen jedoch und die ausgebildeten Soldaten übten ohne Unterbrechung einmal täglich an den Waffen. Denn weder ein hohes Alter noch die Anzahl der Dienstjahre garantiert die Kriegskunst, sondern der Soldat ist, nach beliebig vielen Kämpfen ein Rekrut, wenn er nicht in Form und Übung ist. [...] Durch diese Waffenübung wird die Schnelligkeit des Körpers erworben sowie das Wissen, wie man den Feind treffen und sich schützen kann, besonders wenn mit Schwertern Mann gegen Mann gekämpft wird. Dieses ist tatsächlich wichtiger, dass die Soldaten lernen, die Ordnung zu bewahren und, auch während der Übung, selbst unter so großem Durcheinander, bei ihrer Fahne bleiben...

Es ist sehr angebracht, dass sie auch am Pfahl oder mit hölzernen Waffen trainieren, wobei sie lernen, die Seiten oder die Füße oder den Kopf mit Stichen und mit Hieben anzugreifen. [...] Sie üben auch, die Pfähle selbst von weitem mit Wurfspießen zu treffen, damit ihre Fähigkeit zu zielen und die Kraft ihrer rechten Hand wachsen können. [...]

Es ist angemessen, dass die Soldaten äußerst häufig Bäume fällen, Lasten tragen, Gräben überspringen, im Meer oder in Flüssen schwimmen, im Sturmschritt marschieren oder rennen, auch in voller Rüstung und mit ihrem Gepäck, damit die Übung, die im Frieden schwierig ist, im Krieg nicht schwierig erscheint wegen der täglichen Anstrengung.

Vegetius, Epitoma rei militaris 2, 23 (Übers. S. Fein), aus: Sylvia Fein, Arbeit, Drill, Vergnügen. Der Alltag im Legionärslager, in: Praxis Geschichte 6/1998, S. 15

Der kriegerische Geist der Römer

Der Historiker Marcus Junkelmann (geb. 1949), 1998:

Kein Zweifel, im frührepublikanischen Rom waren Krieg und Waffendienst ein fester und selbstverständlicher Bestandteil des Lebens. Bürger- und Soldatenpflicht, zivile und militärische Karriere waren untrennbar miteinander verbunden, ein kriegerisches Ethos durchzog die ganze Gesellschaft. Vor allem für die aristokratische Führungsschicht war militärischer Ruhm der sicherste, ja fast der einzige Weg, um zu sozialem Prestige und politischem Einfluss zu gelangen.

Dass dieser ausgeprägte Militarismus mit einer aggressiven Außenpolitik verbunden war, ist nicht überraschend. Zwar legten sich die Römer selbst den Zwang auf, nur Verteidigungskriege führen zu dürfen, aber in Anbetracht ihrer Begabung für juristisch-formalistische Spitzfindigkeiten und ihrer geschickten Bündnispolitik, welche die entsprechenden Schutzverpflichtungen nach sich zog, brauchte das ihrer Kriegslüsternheit in der Praxis wenig Abbruch zu tun.

Nie war der kriegerische Geist der Römer ein überschäumend-leichtsinniger wie der der Kelten und Germanen, sondern ein strenger, pflichtbewusster, asketischer, eingeschränkt und vorangetrieben von religiösen und rechtlichen Normen. Disciplina, die eiserne militärische Zucht und Selbstzucht, ist neben, wenn nicht vor gloria, der zentrale Begriff römischen Heerwesens. [...]

Wenn die Römer es auch verstanden, in großem Maße Verbündete ihrer Kriegspolitik dienstbar zu machen, so zeigte es sich nun doch immer deutlicher, dass mit der ungeheuren zeitlichen und räumlichen Ausdehnung der Feldzüge das traditionelle Milizheer mit seinen Bürgersoldaten überfordert war. Die entwurzelten Soldaten wurden zu Gefolgsleuten ihrer Feldherren, von denen sie die Vertretung ihrer Interessen erwarteten, während sie selbst deren politischen Ambitionen den Rückhalt gaben. Hieraus erwuchsen die Bürgerkriege des 1. Jahrhunderts v. Chr., die schließlich in das Kaiserreich augusteischer Prägung mündeten.

Dieses Kaisertum war eine republikanisch verbrämte Militärdiktatur. Das Heer bildete die Grundlage der Macht nach innen wie nach außen, eine Tatsache, die im Falle von Thronfolgekrisen immer wieder blitzartig deutlich wurde, indem die verschiedenen Provinzarmeen ihre Kommandeure zum Kaiser ausriefen und deren Ansprüche in den hieraus resultierenden Bürgerkriegen verfochten. Im 3. Jahrhundert n. Chr., zur Zeit der „Soldatenkaiser", sollte das zum Dauerzustand werden.

Marcus Junkelmann: Imperium und pax, in: Praxis Geschichte 6/1998, S. 6 und 8

Disziplin und Härte – die römische Armee

Anforderung an römische Legionäre:
- Ständiger Drill und Konditionstraining
- Umgang mit verschiedenen Waffen (Schwert, Spieß, Schleuder)
- Unbedingte Einhaltung der Ordnung

Militärdienst und Politik

- Politische Karriere ist untrennbar verbunden mit militärischer
- Asketische Selbstdisziplin
- Militärischer Ruhm ist Voraussetzung für politische Karriere

Veränderte Rolle der Armee seit der Expansion des Römischen Reichs

- Seit dem Ausgreifen der römischen Herrschaft über Italien hinaus war Milizheer überfordert (lange Dauer des Kriegsdiensts)
- Soldaten werden zu Gefolgsleuten ihrer Feldherren
- Armeen werden zu Instrumenten im Bürgerkrieg
- Im Kaiserreich wird Armee zur Grundlage der politischen Macht
- „Soldatenkaiser" stützten sich auf ihre Armeen

- Rolle der Armee veränderte sich fundamental im Übergang von der Republik zum Kaiserreich
- Loyalität der Soldaten verschob sich von Republik auf Feldherren
- Das Militär diente ursprünglich den politischen Zielen und Institutionen der Republik
- Das Militär entschied im Kaiserreich über politische Macht

17 Feindbilder im Krieg mit Karthago

Nach der vernichtenden Niederlage der Römer gegen Hannibal in der Schlacht von Cannae (216 v. Chr.) griff Hannibal nicht direkt Rom an, sondern versuchte erfolgreich, die römischen Bundesgenossen auf seine Seite zu ziehen. Der römische Historiker Livius (59 v.-17 n. Chr.) berichtet, dass ein römischer Konsul gegenüber einer Gesandtschaft des ehemaligen Bundesgenossen aus Capua Folgendes ausgeführt habe:

Nicht mit den Samniten oder den Etruskern haben wir es zu tun, so daß in diesem Falle die Herrschaft, würde sie uns abgenommen, doch wenigstens in Italien verbliebe. Der Punier [Karthager] ist der Feind, und er schleppt mit sich eine Truppe, die nicht einmal in Afrika beheimatet ist, von den äußersten Küsten der Welt, von der Meerenge des Ozeans und den Säulen des Hercules [Gibraltar], eine Truppe, die kein Recht und keine Vertragsverpflichtung, ja geradezu keine menschliche Sprache kennt. Und diese, die schon ihrem Wesen und ihren Gebräuchen nach roh und wild ist, hat ihr Feldherr selbst dadurch noch wilder gemacht, dass er aus aufgeschichteten menschlichen Körpern Brücken und Dämme errichten ließ und sie – was man nur mit Widerwillen auszusprechen vermag – Menschenfleisch essen lehrte. In Menschen, die an solch entsetzlichen Mahlzeiten sich gesättigt haben, die auch nur anzurühren ein Frevel ist, seine Herren zu sehen und zu haben, aus Afrika sowie von Karthago sich seine Rechtssatzungen zu holen und Italien eine Provinz der Numider und Mauren sein zu lassen, wem sollte dies, sei er in Italien auch nur geboren, nicht verabscheuungswürdig sein? Eine schöne Tat, Campaner [Einwohner von Capua], wird es sein, den durch die Niederlage erfolgten Zusammenbruch des römischen Reiches mit eurer Treue, mit euren Kräften aufgehalten und das Reich wiedergewonnen zu haben. Dreißigtausend Mann zu Fuß, viertausend Mann zu Pferd können, wie ich glaube, in Campanien ausgehoben werden. Ferner ist Geld und Getreide im Überfluss vorhanden. Wenn eure Treue eurem Wohlstand entspricht, wird Hannibal nicht merken, dass er gesiegt hat, und die Römer nicht, dass sie besiegt worden sind."

Als die Gesandten nach dieser Ansprache des Konsuls entlassen waren und sich auf den Heimweg machten, sagte einer von ihnen, Vibius Virrius, die Zeit sei gekommen, da die Campaner nicht nur das ihnen einst von den Römern ungerechterweise abgenommene Landgebiet wiedergewinnen, sondern sich sogar der Herrschaft über Italien bemächtigen könnten. Denn mit Hannibal könnten sie einen Vertrag unter ihnen genehmen Bedingungen schließen, und es werde keine strittige Frage sein, dass die Herrschaft über Italien den Campanern überlassen werde, wenn Hannibal nach Beendigung des Krieges als Sieger nach Afrika abrücke und sein Heer wegführe. Diesen Ausführungen des Virrius stimmten alle bei... [und Capua fiel von Rom ab].

Livius: Römische Geschichte, Buch 23, 5-6. Stuttgart 1972, S. 9f. (Übers.: Walther Sontheimer)

Welche Rolle spielt die Propaganda in den punischen Kriegen?

Ziel der Römer:

Capua und andere Verbündete als Bündnispartner zurückzugewinnen

Mittel:

Dämonisierung des Gegners:

- Punier sind „Fremde“
- Sie kennen kein Recht
- Sie respektieren Verträge nicht
- Sie sprechen keine menschliche Sprache
- Sie sind brutal, ja kannibalistisch

Capua entscheidet pragmatisch:

- Bündnis mit Hannibal ist erfolgversprechender
- Es biete die Chance, die römische Herrschaft abzuschütteln
- Es sichere langfristig die Herrschaft Capuas in Italien

Ergebnis:

- Römische Gräuelpropaganda verfängt nicht
- Hannibals Strategie bei Gewinnung von Bündnispartnern war erfolgreicher
- Hannibal kann eine antirömische Allianz in Italien schmieden

18 Roms Aufstieg zur Weltmacht

Informationen zum Thema

Die Ausdehnung (Expansion) des römischen Herrschaftsbereichs lässt sich grob in drei Phasen unterteilen:

1. Bis ca. 270 v. Chr. bringt Rom Italien unter seine Herrschaft. Die Städte und Völker der italienischen Halbinsel wurden zu Bundesgenossen Roms. Sie konnten mit Rom Handel treiben, mussten im Kriegsfall Soldaten stellen, besaßen aber nicht das römische Bürgerrecht.
2. Bis 146 v. Chr. unterwirft Rom seine beiden wichtigsten Gegner im Mittelmeerraum, die Handelsmacht Karthago im Westen und das Königreich Makedonien im Osten, jeweils in drei ausgedehnten Kriegen.
3. Bis 117 n. Chr.: Am Ende der Republik und zu Beginn der Kaiserzeit (Prinzipat) dehnt sich das Imperium Romanum weiter aus. Im Jahr 117 n. Chr., am Ende der Regentschaft des Kaisers Trajan, erreicht es seine größte Ausdehnung und umfasst u.a. den gesamten Mittelmeerraum.

Fragt man nach den Ursachen für diese Weltreichsbildung, so wird man verschiedene Faktoren nennen müssen: militärische Überlegenheit, strenge Disziplin, eine kluge Politik, die Teilhabe der römischen Provinzbewohner an der römischen Kultur, eine gut organisierte Reichsverwaltung und vieles mehr. Auch in der Antike machte man sich schon Gedanken darüber.

Herbert Kohl

Die Römer als Herrscher – milde oder grausam?

Im 1. Jahrhundert v. Chr. schreibt der sizilische Geschichtsschreiber Diodoros:

Die Römer errichteten ihre Weltherrschaft durch die Tapferkeit ihrer Heere und brachten sie zur größten Ausdehnung durch die überaus anständige Behandlung der Unterworfenen. Und sie blieben so sehr frei von aller Grausamkeit und Rachsucht den Unterworfenen gegenüber, dass man hätte glauben können, sie kämen zu ihnen nicht wie zu Feinden, sondern gleichsam zu Männern, die sich um sie verdient gemacht hätten, und zu Freunden. [...] Den einen gaben sie Anteil am Bürgerrecht, anderen gestanden sie das gegenseitige Recht, Ehen zu schließen [conubium], zu, einigen gaben sie das Recht, nach eigenen Gesetzen zu leben, keinem trugen sie das frühere Unrecht härter nach als nötig. [...] Als die Römer aber nahezu die ganze bewohnte Erde beherrschten, da begannen sie, ihre Herrschaft durch Terror und die Vernichtung der ansehnlichsten Städte zu sichern; sie machten Korinth dem Erdboden gleich, [...] zerstörten auch Karthago, ebenso in Spanien Numantia [133 v. Chr.] bis auf den Grund und hielten viele durch Angst und Schrecken darnieder.

Diodoros 32, 4, 4; aus: Geschichte in Quellen. Altertum, bearbeitet von Walter Arend. 4. Aufl. München 1989, S. 456 (Übers.: W. Arend)

Im folgenden Brief wendet sich der kleinasiatische König Mithridates VI. an den König der Parther, um mit ihm ein Bündnis gegen die Römer zu schmieden (1. Jh. v. Chr.). Heutige Historiker bezweifeln allerdings die Echtheit des Briefes, der beim römischen Geschichtsschreiber Sallust (86-35 v. Chr.) überliefert ist:

Die Römer haben ein einziges und uraltes Motiv dafür, mit allen Nationen und Völkern und Königen Krieg anzufangen: unermessliche Begierde nach Herrschaft und Reichtum. [...] Nichts Menschliches, nichts Göttliches hindert sie daran, Bundesgenossen und Freunde, ob nah oder fern, ob schwach oder mächtig, an sich zu ziehen und zu vernichten und alles, was ihnen noch nicht versklavt ist, vor allem die Königreiche, als ihre Feinde anzusehen. [...] Die Römer führen ihre Waffen gegen alle Völker, die schärfsten gegen die, deren Niederlage die meiste Waffenbeute einbringt: durch Wagen und Täuschen und dadurch, dass sie Krieg an Krieg reihen, sind sie groß geworden. Und so werden sie alles vernichten oder selbst zugrunde gehen.

Sallustius, Historien 4, 69 M.; aus: Geschichte in Quellen. Altertum, bearbeitet von Walter Arend. 4. Aufl. München 1989, S. 505f. (Übers.: W. Arend)

Wie kamen die Römer zu ihrem Weltreich?

Expansion in drei Stufen

Vorherrschaft in Italien (bis 270 v. Chr.)	Unterwerfung der beiden Hauptgegner Karthago und Makedonien (bis 146 v. Chr.)	Herrschaft über den gesamten Mittelmeerraum (bis 117 n. Chr.)

Was machte die Römer überlegen?

- Hoch entwickeltes Militärwesen
- Gut ausgebildete Soldaten

Teilhabe neuer Untertanen an der römischen Lebensweise

Werte wie Disziplin, Tradition, Treue usw.

Gut funktionierende Verwaltung (in Provinzen gegliedert)

Meinungen dazu aus der Antike:

Diodor:

- Die römischen Soldaten waren besonders tapfer
- Die Römer behandelten ihre Untertanen anständig
- Es gab sogar Könige und Völker, die sich freiwillig unter die römische Herrschaft begaben
- Nach der Herrschaftssicherung verhielten sich die Römer teilweise aber auch grausam (z. B. durch Zerstörung bedeutender Städte)

Ein Gegner Roms (Mithridates):

- Die Römer haben sich alles zusammengeraubt, sogar ihre Frauen
- Sie täuschen und betrügen
- Sie versklaven Völker nach Belieben
- Sie werden entweder alles vernichten oder an ihrer Schlechtigkeit zugrunde gehen

Motive der Beurteilung:

Diodor lobt die Römer, sieht aber auch ihre negativen Seiten, ihre Überheblichkeit und Grausamkeit

König Mithridates will nur das Negative an Römern sehen; er übertreibt dabei maßlos, weil er Bündnispartner gegen die von ihm gehassten Römer sucht

19 Reformversuche in Rom um 133 v. Chr.

Informationen zum Thema

Mit den gewaltigen Eroberungen Roms kam auch das frühere politische und soziale System Roms ins Wanken. Die Macht und der Reichtum der Adeligen wuchsen, auch durch den systematischen Einsatz von Sklaven auf den riesigen Landgütern. Auf der anderen Seite verschlimmerte sich die soziale Lage der Masse der Kleinbauern. Sie waren zur Heeresfolge verpflichtet und konnten während der jahrelangen Kriege ihre Höfe nicht versorgen. Die (adeligen) Großgrundbesitzer rissen das Land der Kleinbauern an sich, und diese mussten dann als mittellose Proletarier in Rom ein kümmerliches Leben fristen.

Hartmann Wunderer

Tiberius Sempronius Gracchus

Der griechische Geschichtsschreiber Appian (90-160 n. Chr.) berichtet über die Vorgeschichte der römischen Bürgerkriege. Dabei geht er besonders auf eine Volksversammlung im Jahr 133 v. Chr. ein:

[Nun trat] Tiberius Sempronius Gracchus, ein angesehener Mann von außergewöhnlichem Ehrgeiz und einer allen bekannten Redegewalt, als Volkstribun auf. Er sprach mit feierlichem Ernst von dem Italikerstamme, seiner großen Kriegstüchtigkeit und seiner Verwandtschaft mit den Römern, wie er nach und nach herabsinke in Armut und Menschenmangel und gar keine Hoffnung auf Abhilfe haben könne. Er sprach voller Empörung über den Sklavenstand, der zum Kriege nicht zu gebrauchen sei und keine Treue gegen seine Herren kenne, wobei er anführte, was erst vor kurzem den Herren in Sizilien von ihren Sklaven widerfahren sei, wo auch die Zahl der Sklaven infolge ihrer Verwendung als Landarbeiter allzu stark angeschwollen sei; und der Krieg der Römer gegen sie sei weder leicht noch von geringer Dauer gewesen, sondern habe sich auf eine lange Zeit hingezogen und mancherlei gefährliche Wendungen mit sich gebracht. Nach dieser Rede erneuerte er das Gesetz, kein römischer Bürger solle mehr als 500 Joch[1] [vom ager publicus] zu eigen haben. Über das alte Gesetz hinaus legte er für die Söhne noch jeweils 250 Joch dazu, was aber darüber hinausginge, sollten drei alljährlich gewählte Männer unter die Besitzlosen verteilen. Dieser letzte Punkt nun war es, der den Reichen am meisten Beschwerde machte, da sie mit Rücksicht auf diese Dreimänner nicht mehr wie früher das Gesetz missachten noch Land, das anderen zugefallen war, aufkaufen konnten; denn Gracchus hatte in weiser Voraussicht den Verkauf von Land verboten. So traten denn die Reichen in Gruppen zusammen, wehklagten und hielten den Armen die Aufwendungen vor, die sie seit langer Zeit für Feldbestellung, Anpflanzungen und Gebäude gemacht hätten; andere wiesen auf die Kaufsumme hin, die sie an die Nachbarn gezahlt hätten, ob sie auch die zusammen mit dem Grundstück einbüßen sollten; andere erwähnten die dort befindlichen Gräber ihrer Väter, [...] andere die Mitgift ihrer Frauen, die sie in diese Grundstücke gesteckt hätten, oder auch, das Land sei ihren Kindern als Aussteuer gegeben worden; die Gläubiger wiesen auf die Schuldtitel hin, die auf diesem Lande hafteten; so herrschte überall nichts als Unordnung, Jammer und Empörung in einem. Auf der anderen Seite klagten die Armen, sie würden aus Wohlstand in die schlimmste Armut gestürzt und dadurch wieder zu Kinderlosigkeit verurteilt, weil sie nicht imstande seien, ihre Kinder aufzuziehen. Dazu zählten sie alle Feldzüge auf, die sie bei der Gewinnung des Landes mitgemacht hätten, und murrten, dass sie um ihren Anteil an dem Gemeinbesitz gebracht werden sollten. [...] Während beide Parteien solche Klagen vorbrachten und sich gegenseitig Vorwürfe machten, kam noch die Menge all der Leute hinzu, die in den Siedlungsstädten [colonia] und den freien Landstädten [municipia] Italiens oder sonstwie an diesem Lande Anteil genommen hatte und jetzt für ihren Anteil fürchten musste, und verteilte sich auf die beiden Parteien. Im Vertrauen auf ihre große Zahl wurden sie ausfällig, zettelten erbitterte Aufstände an und warteten auf die Entscheidung über das Gesetz.
[Der Tribun Tiberius Gracchus wird in diesem Zusammenhang von aufgebrachten Senatoren erschlagen.]

Appian, Bürgerkrieg 1,9 f.; aus: Geschichte in Quellen. Altertum, bearbeitet von Walter Arend. 4. Aufl. München 1989, S. 470f. (Übers.: G. Guggenbühl/O. Weiss)

---

[1] Flächenmaß: 1 Joch = ca. 4.000 m²

Wie verändert sich die römische Gesellschaft durch die Expansion Roms?

Eroberung der Mittelmeerwelt in zahlreichen Kriegen

Bauern können durch Kriegsdienst Hof nicht bestellen. Sie
- verarmen oder geraten in Schuldknechtschaft
- verkaufen ihr Land an Großgrundbesitzer
- werden in Rom zur mittellosen Unterschicht der Proletarier

Patrizier
- erwerben günstig große Latifundien u.a. von verschuldeten Bauern
- setzen zahlreiche Sklaven als Landarbeiter ein
- gewinnen große Vermögen und politischen Einfluss

Folgen:
- Große Empörung auf beiden Seiten
- Arme zetteln Aufstände an
- Reformversuche/Landverteilung der Gracchen scheitern 133 v. Chr. am Widerstand der Senatoren
- Soziale Probleme bestehen fort

Ergebnisse:
- Politische Fraktionierungen entstehen: Optimaten – Popularen
- Berufsarmeen werden zu politischen Machtinstrumenten erfolgreicher Feldherren (Sulla, Marius, Caesar u.a.)
- Bürgerkriege
- Aushöhlung und Zerfall der republikanischen Institutionen im 1. Jahrhundert v. Chr.

20 Sklaven im antiken Rom

„Hässliche Fratze"

Der Althistoriker Karl-Wilhelm Weeber (geb. 1950), 2000:

Ein geradezu herzliches, persönliches Verhältnis entwickelte sich häufig zwischen unfreien Ammen und Pädagogen (Erziehern) einerseits und den ihnen anvertrauten Sprößlingen und späteren Herren andererseits. Selbst mit den „dienstbaren Geistern", die z. B. als Küchenpersonal in den Haushalten eher im Hintergrund wirkten, gab es dann und wann oberflächliche Kontakte. Von daher erklärt es sich, daß die Chancen von Angehörigen einer familia urbana, später einmal freigelassen zu werden, in der Kaiserzeit sehr hoch waren. [...]

Bevor allerdings ein zu rosiges Bild der Sklaverei entsteht, seien auch die ganz dunklen Seiten dieser Institution skizziert, die niemand in der Antike – auch kein Sklave – grundsätzlich in Frage gestellt hat. Die häßliche Fratze der Sklaverei zeigt sich nicht nur in der jahrhundertelang geübten, menschenverachtenden Praxis, unfreie Menschen gegen ihren Willen zum Gladiatorendasein und -tod sowie zur Prostitution zu verdammen. [...] Die vielen kleinen Drangsalierungen des Alltags, die gesellschaftliche Verachtung, der der gesamte Stand ausgesetzt war, die Arroganz, mit der viele Freie Sklaven behandelten, die durch Stimmungsumschwünge und Zornesausbrüche jederzeit drohende Gefahr von Willkürmaßnahmen und sadistischen Eruptionen, die ständige Sorge, nach dem Tode des Herrn womöglich auf dem Sklavenmarkt zu landen und sich dort begaffen und befühlen lassen zu müssen mit einer Tafel um den Hals – die Nationalität, Krankheiten und andere „Mängel" auflistete – oder als Teil der Erbmasse an einen brutalen „Zweitbesitzer" überzugehen. [...].

Körperliche Strafen wie Ohrfeigen, Prügel aufs Hinterteil, Fußtritte, Essensentzug, Fesselung und Einsperren waren indes als Zurechtweisungen und Strafen nichts Ungewöhnliches. Gegen Brutalitäten, die dieses Maß überstiegen, konnte der Staat einschreiten – wenn eine Behörde, etwa durch Flucht eines drangsalierten Sklaven zu einer Kaiserstatue, die ihm vorübergehendes Asyl gewährte, davon erfuhr. [...]

Trotz allem: Die Lebensbedingungen der Stadtsklaven waren [...] im ganzen besser als die der in größeren Produktionseinheiten, Manufakturen oder gar in den Bergwerken arbeitenden Unfreien. Zumindest in republikanischer Zeit waren die in den Minen eingesetzten Sklaven arme Teufel, die „infolge der unerträglich harten Arbeitsbedingungen nach kurzer Zeit starben. [...]"

Ein Großteil der Sklaven war in der Landwirtschaft eingesetzt. [...] Den Angehörigen dieser familiae rusticae ging es durchweg schlechter als Stadtsklaven. Die – selbst meist unfreien – Verwalter waren gehalten, auf eiserne Disziplin zu achten. Faulenzertum wurde nicht geduldet; nur wer wirklich arbeitsunfähig und krank war, durfte sich im Krankensaal ausruhen. Die Arbeit begann am frühen Morgen und endete bei Einbruch der Dunkelheit. Arbeitsscheue, renitente oder der Flucht verdächtige Sklaven wurden in der „Freizeit" in Ketten gelegt.

Karl-Wilhelm Weeber: Alltag im Alten Rom. Düsseldorf 2000, S. 327-330

„Es sind Menschen"

Seneca (1-65 n. Chr.), römischer Philosoph, Dramatiker, Naturforscher, Staatsmann und Schriftsteller in einem Brief an einen Freund über die Sklaven:

Zu meiner Freude erfuhr ich von Leuten, die dich besucht haben, dass du freundlich mit deinen Sklaven umgehst. Das entspricht deiner Einsicht und deiner Bildung. „Es sind nur Sklaven." Nein, vielmehr Menschen. „Es sind nur Sklaven." Nein, vielmehr Hausgenossen. „Es sind nur Sklaven." Nein, vielmehr Freunde geringeren Ranges. „Es sind nur Sklaven." Nein, vielmehr Mitsklaven, wenn du bedenkst, dass das Schicksal über euch beide die gleiche Macht hat. Daher lache ich nur über die Leute, die es für eine Schande halten, zusammen mit ihren Sklaven zu speisen. [...] Ebenso anmaßend ist das Sprichwort, das immer wieder vorgebracht wird: „Soviel Sklaven, soviel Feinde!" Nein, wir haben an ihnen keine Feinde, wir machen sie erst dazu. Ich will gar nicht reden von anderen unmenschlichen Grausamkeiten, dass wir sie nicht wie Menschen, sondern wir Lasttiere behandeln.

Seneca: Moralische Briefe 47; aus: Geschichte in Quellen. Altertum, bearbeitet von Walter Arend. 4. Aufl. München 1989, S. 629. (Übers.: W. Schumacher)

Sklave ist nicht gleich Sklave

Mögliche Hierarchie des Sklavendaseins

Grunderfahrungen eines römischen Sklavens:

- Reichten vom herzlichen Verhältnis zum Herrn bis hin zu brutalster Ausbeutung
- Ständiges Risiko von Drangsalierungen oder Demütigungen
- Sorge, erneut auf dem Sklavenmarkt zu landen
- Widerstand, „Aufsässigkeit“ oder gar Flucht wurden hart bestraft
- Hoffnung auf Freilassung und Erwerb eines kleinen Vermögens waren realistisch
- Stimmen (wie z.B. von Seneca), die Sklaverei ablehnten, waren extrem selten

21 Das Scheitern Cäsars

Römische Historiker über Cäsar

Der römische Geschichtsschreiber Sueton (70-130 n. Chr.) über Caesars Wirken nach dem Ende der Bürgerkriege und über dessen Einstellung zum römischen Senat:

Hierauf wandte sich Caesar der Neuordnung der Verhältnisse im Innern des Staates zu. Er verbesserte zuerst den Kalender, der lange schon durch Schuld der Priester, die willkürlich Tage einzuschalten pflegten, so in Unordnung geraten war, dass weder das Erntefest in den Sommer noch das Winzerfest in den Herbst fiel. Er passte das Jahr dem Laufe der Sonne an, so dass es aus 365 Tagen bestand. [...]

Das Wahlrecht teilte er mit dem Volke in der Weise, dass – mit Ausnahme der Bewerber um das Konsulat – die eine Hälfte der Kandidaten das Volk, die andere Caesar selbst wählte. [...] Ferner hatte Caesar 80 000 Bürger auf überseeische Kolonien verteilen lassen. [...] Alle Ärzte, die in Rom praktizierten, und die Lehrer der freien Künste beschenkte er mit dem Bürgerrecht, um sie an die Stadt zu fesseln und andere zu veranlassen, ihren Aufenthalt in Rom zu nehmen. Was die Schuldenregelung anbetrifft [...], fand Caesar eine Regelung, welche die Schuldsumme um etwa ein Viertel verringerte. [...] Die Strafen für schwere Verbrechen verschärfte Caesar. [...]

Große Beweise von seiner Überheblichkeit gab Caesar in Äußerungen, die er in aller Öffentlichkeit getan hatte: „Die Republik ist ein Nichts, ein bloßer Name ohne Körper und greifbare Gestalt." [...] „Die Leute müssen jetzt mit mehr Überlegung mit mir sprechen und, was ich sage, als Gesetz betrachten!" [...] Jedoch den grimmigsten Hass, der für ihn ganz besonders unheilvoll werden sollte, zog sich Caesar bei folgendem Anlass zu: Er empfing nämlich die Senatoren, die ihm vollzählig eine Anzahl für ihn höchst schmeichelhafter Beschlüsse überbrachten, sitzend in der Vorhalle des Tempels der Venus Genetrix [Göttin der Liebe, auf die Cäsar seine Abstammung zurückführte].

Der Geschichtsschreiber Cassius Dio (155-230 n. Chr.):

Er ließ ein Theater für Tierhatzen errichten, das der ringsum laufenden Sitze und des Fehlens einer Bühne wegen auch Amphitheater genannt wurde; [...] dort veranstaltete er Tierhatzen und Fechterspiele. [...] Die Gladiatoren ließ er nicht nur wie üblich Mann gegen Mann auf dem Forum, sondern auch im Zirkus in größerer Zahl gegeneinander kämpfen, Reiter gegen Reiter und Fußkämpfer gegen Fußkämpfer, und andere in gleicher Zahl miteinander gemischt; andere wieder kämpften vom Rücken von 40 Elefanten aus miteinander. Und schließlich veranstaltete er eine Seeschlacht, nicht auf dem Meere oder auf einem See, nein, auf dem festen Lande. Er ließ nämlich auf dem Marsfelde einen Platz ausgraben, mit Wasser anfüllen und Schiffe darauf bringen. In all den Gefechten kämpften teils Kriegsgefangene, teils solche, die den Tod erwirkt hatten, auch Söhne von Rittern. [...] Doch das brachte ihm üble Nachrede ein.

Beide Texte aus: Geschichte in Quellen. Altertum, bearbeitet von Walter Arend. 4. Aufl. München 1989, S. 538-546 f. (Übers.: M. Heinemann, L. Tafel)

Informationen zu Caesar

Durch die Eroberung Galliens hatte sich Caesar eine große Machtposition geschaffen. Seine Soldaten waren ihm treu ergeben. Der Senat in Rom befürchtete, Caesar werde nun auch in Rom die Macht an sich reißen. Er beauftragte Pompeius, einen früheren Freund und Verbündeten Caesars, damit, die Republik gegen Caesar zu verteidigen.

Im Jahr 49 v. Chr. besetzte Caesar mit seinem Heer Italien. Pompeius floh mit vielen Senatoren nach Griechenland. Dort besiegte ihn Caesar. Noch bis 45 v. Chr. führte Caesar in Gallien, Spanien, Ägypten, Kleinasien und Nordafrika Krieg gegen die Anhänger des Pompeius.

Nach Rom zurückgekehrt, ließ sich Caesar eine Fülle von Ämtern übertragen und baute auf diese Weise eine persönliche Diktatur auf. In der Öffentlichkeit ließ er sich wie ein Gott verehren. Als ein Anhänger ihm das Königsdiadem überreichen wollte, lehnte er es ab, da er die Ablehnung des anwesenden Volkes bemerkte. Seit der Vertreibung der Könige galt der Königstitel als verhasst.

Für das Jahr 44 v. Chr. plante Caesar einen großen Feldzug gegen die Parther im Osten. An den Iden des März dieses Jahres, also am 15. März, kurz vor seinem Aufbruch, ermordete ihn eine Gruppe von etwa sechzig Verschwörern in einer Senatssitzung. Ihr Ziel war es, die Republik zu retten, doch neue Bürgerkriege waren die Folge.

Herbert Kohl

Warum scheiterte Caesar als Alleinherrscher?

→ In langen Bürgerkriegen setzt sich Caesar durch und wird zum Alleinherrscher

Caesar als Neuerer und Freund des Volkes (Popular)

- Führt einen neuen Kalender ein
- Siedelt Stadtbewohner Roms in Kolonien an
- Lässt aufwendige Gladiatorenkämpfe und Kriegsspiele veranstalten
- Entlastet Menschen mit Schulden
- Führt härtere Strafen gegen Verbrecher ein

Caesar als Politiker

- Reißt eine Fülle von Ämtern an sich
- Liebäugelt mit dem Königstitel
- Verachtet den alten Staat, die Republik
- Verhält sich gegenüber dem Senat herablassend

Gewinnt das Volk mit „Brot und Spielen“ für sich

Macht sich Feinde unter den Senatoren

Wird im Jahr 44 v. Chr. von einer Verschwörergruppe ermordet
Die Folge: neue Bürgerkriege

22 Vom Bürgerkrieg zum Prinzipat

Informationen zu Augustus

Nach Caesars Tod brachen im Römischen Reich neue Bürgerkriege aus, aus denen nach dreizehn Jahren Caesars Großneffe und Adoptivsohn Octavian als Sieger hervorging. Sein größter Gegner war sein ehemaliger Verbündeter Marcus Antonius, der sich mit der ägyptischen Königin Kleopatra zusammentat und um die Macht im Römischen Reich kämpfte. In der Seeschlacht bei Actium (vor der griechischen Küste) errang Octavian 31 v. Chr. den entscheidenden Sieg. Er verpflichtete alle Soldaten durch einen Eid auf seine Person.

Völlig überraschend hatte Octavian im Jahr 27 v. Chr. alle Ämter und Vollmachten im Senat niedergelegt. Die Senatoren reagierten so, wie Octavian es vermutlich erwartete: Sie nahmen sein Angebot nicht an, sondern verliehen ihm den Ehrennamen „Augustus" (der Erhabene). Sie wählten ihn zum Konsul und gaben ihm den Oberbefehl über das Heer. Von nun an nannte man Augustus den „Princeps", den ersten Bürger Roms. Er ließ sich Vollmachten übertragen, häufig ohne das dazugehörige Amt auszuüben. Die alten Ämter der Republik blieben bestehen; die Beamten wurden wie früher in Volksversammlungen gewählt. Auch konnte der Senat Italien und viele andere Provinzen verwalten (aber stets ohne eigenes Heer). Es kam also zu einer Art politischer Arbeitsteilung zwischen Princeps und Senat, wobei Augustus über die entscheidenden Machtmittel verfügte. So entstand der Eindruck, und Augustus betonte dies auch immer wieder, die Republik sei wiederhergestellt worden.

Herbert Kohl

„Pater patriae"

Aus dem Tatenbericht des Augustus, den er kurz vor seinem Tode verfassen ließ (14 n. Chr.):

In meinem sechsten und siebten Konsulat [28 und 27 v. Chr.] habe ich, nachdem ich die Bürgerkriege ausgelöscht hatte, obwohl ich nach dem übereinstimmenden Wunsche aller in den Besitz der höchsten Gewalt gelangt war, den Staat aus meiner Amtsgewalt [potestas] dem Ermessen des Senats und des römischen Volkes überantwortet. Und für dieses mein Verdienst bin ich durch Senatsbeschluss „Augustus" [der Erhabene] genannt worden, und mit Lorbeer sind die Türpfosten meines Hauses von Staats wegen geschmückt worden, der Bürgerkranz ist über meiner Türe befestigt und ein goldener Schild in der Julischen Kurie [Rathaus] aufgestellt worden, den mir der Senat und das Volk Roms wegen meiner Tapferkeit, Milde, Gerechtigkeit und Frömmigkeit nach dem Zeugnis der Inschrift dieses Schildes gab. Nach dieser Zeit habe ich an persönlichem Einfluss [auctoritas] alle übertroffen, an Amtsgewalt [potestas] aber habe ich um nichts mehr gehabt als die übrigen, die in dem jeweiligen Amte mir Kollegen gewesen sind.

Als ich zum dreizehnten Male das Konsulat innehatte [2 v. Chr.], hat der Senat und der Ritterstand und das römische Volk insgesamt mich „Vater des Vaterlandes" [pater patriae] genannt.

Aus: Geschichte in Quellen. Altertum, bearbeitet von Walter Arend. 4. Aufl. München 1989, S. 584 (Übers.: W. Weber)

Teils Rühmliches, teils Unrühmliches

Der Geschichtsschreiber Tacitus (58 – 116 n. Chr.) über die Regierung des Augustus:

Die Einsichtigen wussten von seinem Leben sehr verschiedene Dinge, teils Rühmliches, teils Unrühmliches zu sagen. Hier hieß es: Er ist aus Anhänglichkeit gegen seinen Vater und durch die Not des Staates, in dem damals kein Raum für gesetzliches Vorhaben gewesen sei, in den Bürgerkrieg getrieben worden. Und ein Bürgerkrieg lässt sich nun einmal nicht mit rechtlichen Mitteln vorbereiten noch durchführen. [...] Und doch habe er dem Staate nicht in der Würde eines Königs oder eines Diktators, sondern unter dem einfachen Titel Princeps die neue Verfassung gegeben. [...] Für die Legionen, die Provinzen, die Flotten sei eine einheitliche Verwaltung geschaffen worden. Die Bürger würden gerecht, die Bundesgenossen rücksichtsvoll behandelt. [...] Dagegen sagten nun die andern: die Anhänglichkeit gegen seinen Vater und die allgemeine Lage habe er bloß zum Vorwande genommen. Im Grunde sei es Herrschsucht gewesen, wenn er als junger Mensch ohne Amt die Veteranen durch freigebige Spenden an sich zog, ein Heer warb, die Legionen des Konsuls bestach. [...] Er habe vom Senat das Konsulat erzwungen und das Heer, das ihm zum Kampfe gegen Antonius übergeben wurde, gegen den Staat geführt.

Aus: Geschichte in Quellen. Altertum, bearbeitet von Walter Arend. 4. Aufl. München 1989, S. 585 (Übers.: A. Horneffer)

Wie sicherte Augustus seine Herrschaft?

Aufstieg:

- In langen Bürgerkriegen setzte sich Octavian, der Großneffe und Adoptivsohn Caesars, durch, zuletzt gegen Marcus Antonius
- Der Senat nimmt sein Angebot, von der Macht zurückzutreten, nicht an
- Er stattet Octavian mit Ehrentiteln (Augustus) und Vollmachten aus

Augustus über sich:

Selbstdarstellung als Herrscher

Der Senat ehrt ihn für seine Tugenden: Tapferkeit, Milde, Gerechtigkeit, Frömmigkeit

Er hat alle nur an Einfluss, niemanden aber an Amtsgewalt übertroffen

Für seine Regierung haben Senat und Volk ihm den Titel „Vater des Vaterlandes" verliehen

Positives Urteil über sich selbst

(Der Tatenbericht des Augustus war an vielen Orten des Reiches öffentlich ausgestellt)

Augustus im Urteil der anderen:

Positiv:

- Wurde zum Bürgerkrieg gezwungen
- Wurde nicht Diktator, sondern Princeps
- Schuf eine einheitliche Verwaltung
- Behandelte Bürger und Bundesgenossen rücksichtsvoll
- Ließ in Rom prächtige Bauten errichten

Negativ:

- War schon als junger Mann herrschsüchtig
- Gewann seine Soldaten durch Spenden und Bestechung
- Zwang am Anfang den Senat, ihn zum Konsul zu machen

Wurde (und wird) widersprüchlich beurteilt

Dennoch: Die von ihm geschaffene Regierungsform, der Prinzipat, bleibt lange bestehen und bringt eine lange Zeit des inneren Friedens (1./2. Jh. n. Chr. = „pax romana")

23 Die Römer werden Christen

Informationen zum Thema

Die Römer waren in Glaubensfragen tolerant und offen für fremde Religionen. In der Kaiserzeit traten vor allem Kulte aus dem Osten (z.B. der des Mithras) immer mehr neben die römischen Staatsgötter. Nicht so das Christentum: Die Christen kannten nur einen Gott und lehnten es ab, zu den römischen Göttern zu beten und dem Kaiser religiöse Opfer zu bringen. So kam es schon im Jahr 64 n. Chr. in Rom zur ersten Christenverfolgung: Kaiser Nero gab ihnen die Schuld an dem verheerenden Stadtbrand und ließ sie hinrichten.

In der Folgezeit wechselten Phasen der Duldung mit Phasen gezielter Verfolgung. Für das inzwischen weit verbreitete Christentum spitzte sich die Lage im 3. Jahrhundert zu, als das Römische Reich in eine schwere Krise geriet. Man sah die Christen und ihre Weigerung, die römischen Kaiser religiös zu verehren, als Ursache dafür an, machte sie also zu Sündenböcken. Die letzte große Christenverfolgung ereignete sich unter Kaiser Diokletian im Jahr 303. Sein Nachfolger Konstantin leitete eine Wende ein. Er erließ im Jahr 313 ein Gesetz, das den Christen die rechtliche Gleichstellung brachte. Er führte den Sieg gegen die zahlenmäßig weit überlegenen Truppen seines Mitkaisers darauf zurück, dass seine Soldaten das Christuszeichen auf dem Schild angebracht hatten. Im Jahr 391 ließ Kaiser Theodosius alle alten Kulte verbieten und machte das Christentum zur Staatsreligion, also für jedermann verbindlich. Rom war zwar nicht mehr Hauptstadt des Römischen Reiches, wurde nun aber zum Mittelpunkt des neuen katholischen Glaubens.

Herbert Kohl

Urteile über die Christen

Der griechische Arzt Galen um das Jahr 175 n. Chr. über die Christen:

Denn ihre Verachtung gegenüber dem Tode steht uns täglich klar vor Augen. [...] Es zählen zu ihnen auch Personen, die in ihrem Verhalten und in ihrer Selbstkontrolle, was Essen und Trinken angeht, und in kühner Einhaltung von Gerechtigkeit einen Punkt erreicht haben, der nicht unter dem der echten Philosophen steht.

Aus: Geschichte in Quellen. Altertum, bearbeitet von Walter Arend. 4. Aufl. München 1989, S. 712 (Übers.: R. Walzer)

Aus einer Schmährede gegen die Christen, Anfang des 3. Jh.:

Diese Leute sammeln aus der untersten Schicht des Volkes Ungebildete und leichtgläubige Weiber [...] und bilden eine gemeine Verschwörerbande. Sie treffen sich in nächtlichen Zusammenkünften, feierlichem Fasten und bei menschenunwürdiger Speise nicht zum Kult, sondern zum Verbrechen, ein duckmäusiges, lichtscheues Gesindel. [...] Über die heiligen Opfer machen sie sich lustig!

Minucius Felix, Octavia 8, 4 f., gekürzt. Frühchristliche Apologeten, Bd. II München 1913 (Übers.: A. Müller)

Bischof Eusebius (339 n. Chr.) über die Christenverfolgung unter Kaiser Decius (249-251 n. Chr.):

Kaiser Decius befahl, dass alle dem Kaiser opfern sollten. Alle Christen waren bestürzt. [...] Namentlich aufgerufen, traten sie zu den unreinen und unheiligen Opfern, allerdings bleich und zitternd, so dass sie von der umherstehenden Menge verspottet wurden. Ihre Feigheit sowohl zum Sterben als zum Opfern trat offen an den Tag. Andere gingen bereitwilliger zu den Altären und behaupteten verwegen, sie seien früher gar nicht Christen gewesen. [...] Andere aber flohen. Wieder andere wurden verhaftet. Von diesen ließen sich einige fesseln und einsperren [...], dann aber, noch ehe sie vor den Richterstuhl geführt wurden, schworen sie ab.

Einige der Gefangenen sagten sich, erst nachdem sie Qualen ertragen halten, vom Glauben los. Die besonders Mutigen und Gläubigen dagegen wurden, da Gott sie stärkte, bewundernswerte Zeugen seines Reiches.

Eusebios. Ausgewählte Schriften Bd. II, Kirchengeschichte 6, 41 f., bearb. München 1932, S. 307 f. (Übers.: Ph. Häuser)

Die Römer werden Christen

- Am Anfang verfolgte der römische Staat die Christen; Gründe:
  - Weigerung der Christen, andere Götter anzuerkennen (➔ *Monotheismus*)
  - Weigerung, dem römischen Kaiser zu opfern

- Viele römische Bürger begegneten den Christen mit **Misstrauen**, andere mit **Respekt**

Misstrauen

▼

Vorwürfe

- Suchen ihre Anhänger vor allem bei Ungebildeten
- Sind Gesindel, Verschwörer, Verbrecher
- Verachten die römische Religion

Respekt

- Glauben an ein Leben nach dem Tod
- Mäßigen sich im Essen und Trinken
- Bemühen um Gerechtigkeit gleicht dem der Philosophen

- Der Zwang, dem Kaiser Opfer zu bringen, brachte Christen oft in Gewissensnot:

Verhaltensweisen bei Verfolgungen

- Man gab sofort nach und opferte „bleich und zitternd“
- Man opferte und leugnete, jemals Christ gewesen zu sein
- Manche wurde im Gefängnis „weich“
- Manche gaben nach, weil man sie folterte

↓

Die besonders „Mutigen und Gläubigen“ wurden zu „bewundernswerten Zeugen“ Gottes (➔ *Märtyrer)*, d. h. sie nahmen den Tod auf sich!

- Im Jahr 313 n. Chr. kommt es zur „Konstantinischen Wende“: Das Christentum wird den anderen Religionen gleichgestellt (➔ Toleranz)
- Im Jahr 391 wird es zur Staatsreligion, d.h. jeder Römer musste nun Christ sein

24 Die Völkerwanderung

Die germanischen Vandalen in Nordafrika

Der Geschichtsschreiber Prokop (500-562 n. Chr.) über die Vandalen:

Wo sich in Afrika ein ansehnliches und reiches Besitztum fand, beschlagnahmte Geiserich das mitsamt dem Grund und Boden und allem Inventar und gab es seinen Söhnen Hunerich und Genzo. [...] Den anderen Libyern aber nahm er die Grundstücke, die die größten und besten waren, einfach weg und verteilte sie an das Volk der Vandalen. [...] Diejenigen aber, die seit alters her diese Grundstücke besessen hatten, verfielen in ärgste Armut; nur die freie Bewegung war ihnen gelassen. Und alle die Grundstücke, die Geiserich seinen Söhnen und den anderen Vandalen gegeben hatte, blieben auf seinen Befehl vollkommen steuer- und abgabenfrei. Das Land aber, das nicht gut zu sein schien, ließ er seinen früheren Besitzern, legte diesen jedoch eine solch hohe Abgabe davon auf, dass ihnen [...] nicht das Geringste übrig blieb. Viele von ihnen flohen und wurden getötet. [...]

Denn von allen Völkern, die wir kennen, sind die Vandalen am meisten verweichlicht. [...] Seitdem sich die Vandalen Afrikas bemächtigt hatten, badeten sie alle Tag für Tag und ließen ihre Tafel mit allem Guten und Köstlichen, was nur die Erde und das Meer spenden kann, decken. Sie trugen auch reichlichen Goldschmuck und medische Kleidung, die wir jetzt chinesische [d. h. seidene] nennen. Sie vertrieben sich ihre Zeit in Theatern, auf der Rennbahn und mit anderen Vergnügungen, insbesondere mit Jagden. Sie waren auch eifrige Zuschauer von Tänzen und Schauspielen, kurz, sie genossen alle Künste, die Auge und Ohr der Menschen erfreuen können. Die Mehrzahl von ihnen wohnte in Gärten mit den herrlichsten Bäumen und ausgezeichneten Wasseranlagen.

Prokopios, Vandalenkrieg 1-11, 2, 6, 5; aus: Geschichte in Quellen. Altertum, bearbeitet von Walter Arend. 4. Aufl. München 1989, S. 793 und 838 (Übers.: W. Capelle, W. Arend)

Wie die historische Forschung die Vandalen heute sieht

104 Jahre Imperium [Herrschaft] – dann verschwand das Volk aus Germanien spurlos. Heute kennen die meisten nur ihren Namen, der in fast allen europäischen Sprachen zum Synonym geworden ist für Menschen mit Zerstörungswut. Haben Radikale randaliert, sind U-Bahn-Scheiben zerkratzt [...], Hauswände besprayt worden, waren „Vandalen" am Werk. Doch Archäologen und Historiker skizzieren mit ihren jüngsten Forschungen ein anderes Bild von dem angeblich so verruchten Volk. Die Vandalen passten sich klug ihrer Umgebung an, regierten als Staatengründer mit politischem Fingerspitzengefühl und besaßen sehr wohl einen Sinn für Kunst. [...]

Im Grunde genommen waren die Vandalen nur eine von vielen ethnisch [ihre Herkunft betreffend] und kulturell wild zusammengewürfelten barbarischen Stammesgemeinschaften, die im 5. Jahrhundert den Untergang des Weströmischen Reiches besiegelten. [...]

In dieser Epoche des dramatischen Umbruchs verschlug es die Vandalen via Gallien und Hispanien bis nach Nordafrika, wo sie nach 429 ein florierendes [blühendes] Königreich unterhielten. Damit hätten sie als erfolgreiche Staatsgründer in die Geschichte eingehen können. Die Ehre blieb ihnen verwehrt. Das liegt daran, dass die Vandalen mehrmals Opfer eines Rufmords wurden. Den ersten begingen römisch-katholische Historiker. Sie schilderten den Krieg zwischen dem Weltreich in der Krise und den germanischen Einwanderern als einen Kampf gegen Ungläubige. Fast alle Geschichten über die Vandalen stammen aus den Federn der Feinde. So beschrieb sie etwa der zeitgenössische Bischof Victor von Vita als grausam und gewalttätig, als von Neid und Habgier zerfressene Ketzer. [...]

Die Chronisten stützten sich dabei vor allem auf ein Ereignis, bei dem die Vandalen unter ihrem [...] Führer Geiserich in der Tat nicht wie Friedensengel agiert hatten. Weil sie sich von den Römern politisch hintergangen fühlten, segelten sie im Jahr 455 von Nordafrika aus zornig zu einer Strafaktion übers Mittelmeer und verbrachten zwei Wochen in Rom. Plündernd. „Durch Geiserich wurde Rom aller Schätze leer gemacht," berichtet der Chronist Cassiodor. [...]

Zwar hatten die Vandalen 455 in Rom gestohlen, was ihnen in die Finger kam, aber eben gerade nicht das getan, was heute einen Täter zum Vandalen macht: sinnlos zerstört. [...] Sorgsam verpackten die Vandalen die Preziosen [Kostbarkeiten], schipperten sie ins heutige Tunesien und verschönerten mit der Beutekunst ihre Gärten, Villen und Gotteshäuser.

Urs Willmann: Kultivierte Eroberer, Zeit Nr. 49 v. 1.10.2009; http://www.zeit.de/2009/41/A-Vandalen (Zugriff: 23.3.2010)

Germanenreiche in der Zeit der Völkerwanderung – das Beispiel der Vandalen

➢ **Begriff „Vandalen“:** heute Bezeichnung für zerstörungswütige Menschen

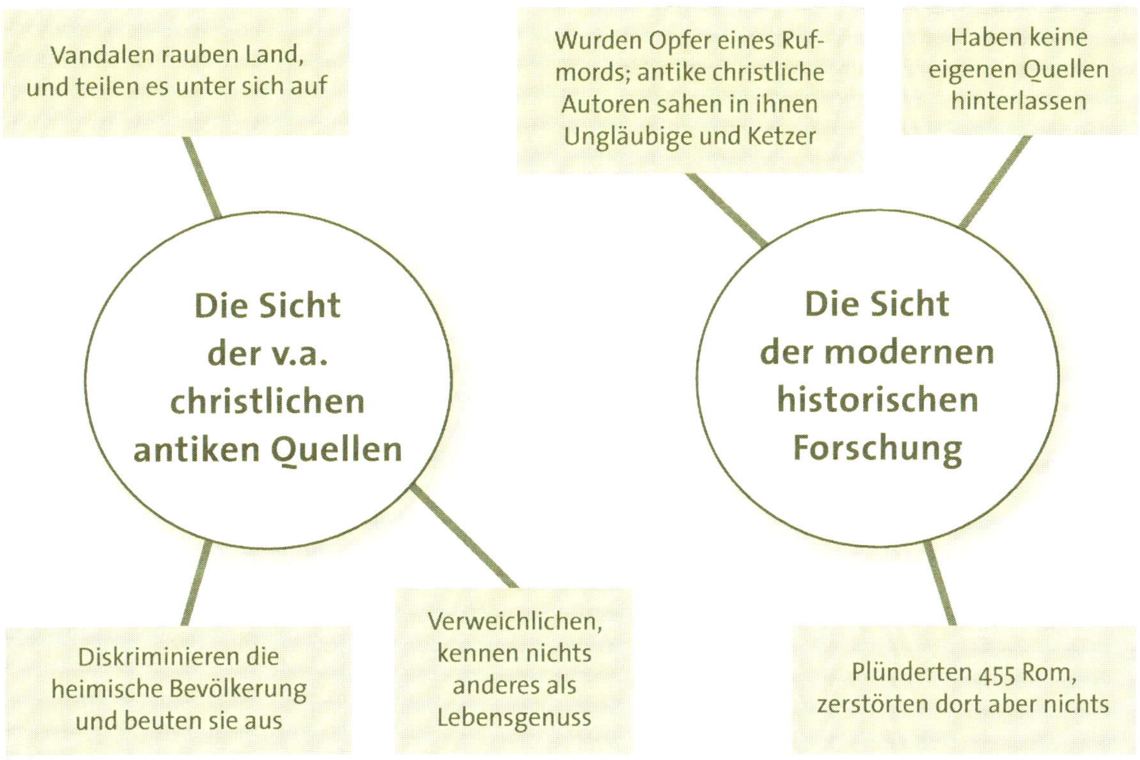

- Die Vandalen waren vermutlich nicht anders als die anderen germanischen Völker, die auf römischem Boden siedelten
- Das negative Urteil über sie ist von der neueren Forschung infrage gestellt worden

25 Bauern im Mittelalter

Bauern – ihr Kampf an vielen Fronten

Der französische Historiker Jacques LeGoff (geb. 1924) über den mittelalterlichen Bauern, 1989:

[Er ist] gefangen im Streben nach Sicherung seiner Ernährung und Selbstversorgung, folglich dem Mischanbau ergeben, wobei aber der Getreideanbau bevorzugt wird. Der Bauer ist zunächst Brotbeschaffer in einer Gesellschaft, in der es zu allererst darauf ankommt, welche Farbe und Qualität das Brot hat, das man verzehrt, wie weiß es ist. Als Arbeitender ist er der Anfälligkeit der Landwirtschaft für Naturgewalten und der Kargheit der Erträge ausgeliefert. Vielleicht bearbeitet er Sonderkulturen der Reichen oder Armen, ist auf Rebstock, Olivenbaum, Eßkastanie spezialisiert. Vielleicht nutzt er als Wanderschäfer oder Waldarbeiter die Randzonen.

Die Bäuerin ist zunächst Textilarbeiterin, Spinnerin. In Texten kaum beschrieben, taucht der Bauer in erstaunlichen künstlerischen Darstellungen der Arbeit der Jahreszeiten auf. Im Sommer arbeitet er draußen, im Winter schlachtet er das Schwein und verzehrt es Stück für Stück auf der Ofenbank.

Die gesellschaftliche Entwicklung des Bauern spielt sich zwischen Grundherr und ländlicher Gemeinschaft ab. Er ist Dorfbewohner [behaupten einige Wissenschaftler] seit der Antike und schon in vorgeschichtlicher Zeit, während andere Autoren die allgemeine Dorfbildung erst auf das 11. Jahrhundert datieren. Vom Grundherrn wird ihm die Last der Frondienste aufgebürdet, dann Abgaben in Geld und Naturalabgaben an den „Kleinadel", besonders die Unterwerfung unter das grundherrliche Mühlenmonopol. Als Unterdrückter ist der Bauer ein sozialer Kämpfer, der meist passiven Widerstand leistet, sich aber bisweilen zu gewalttätigen Aufständen hinreißen läßt. Der Bauer steht in vorderster Front gegen die wilden Tiere: Wolf, Bär, Fuchs.

Seine Mentalität ist uns vor allem aus Gerichtsakten bekannt: Literarische Quellen zeigen Verachtung und sogar Haß für den Bauern, diesen Analphabeten, von dem es heißt, er stehe irgendwo zwischen Mensch und Tier. Hauptsächlich praktiziert er den sogenannten „Volksglauben", den die Kirche „Aberglauben" nannte. Zweifellos hängt er Glaubensformen und Riten an, die wir als „magische" bezeichnen. [...] Doch zahlt er einer Gesellschaft, die ihn verachtet, ihre Verachtung heim. In gewissen Urkunden und manchen seiner Verhaltensweisen schlägt seine Abneigung gegen die Herren, die Bürger und Städter durch. In Bauernaufständen entlädt sich lange aufgestauter Groll.

Jacques LeGoff (Hrsg.): Der Mensch des Mittelalters. Frankfurt/M. 1989, S. 20-22.

Dörfliche Selbstverwaltung

Der deutsche Historiker Werner Rösener (geb. 1944) über die mittelalterliche Dorfgemeinde, 1993:

An der Spitze der Dorfgemeinden standen Männer [Bezeichnungen: Bauermeister, Heimbürge und Schulze], die entweder von der Dorfversammlung gewählt oder vom Dorfherrn eingesetzt worden waren. [...] Der Dorfvorsteher bildete das wichtigste Bindeglied zwischen der Dorfgemeinschaft und dem Dorfherrn; zu seinen Aufgaben gehörte es, dafür zu sorgen, daß die Dorfbewohner ihre Pflichten gegenüber dem Dorfherrn, der häufig zugleich Grundherr war, erfüllten. Manchmal war er auch damit beauftragt, die Steuern einzutreiben und für die Instandhaltung der Straßen und Brücken zu sorgen. Da der Dorfvorsteher zwischen seinen Mitbewohnern aus dem Dorf einerseits und dem Dorfherrn andererseits stand, bekam er die Vor- und Nachteile einer Stellung zwischen den Fronten zu spüren. Er mußte nicht nur die Anweisungen des Dorfherrn und der staatlichen Gewalt korrekt ausführen, sondern zugleich bemüht sein, in einem guten Einvernehmen mit seinen Dorfgenossen zu bleiben. [...]

In vielen Dörfern stand dem Vorsteher ein Kollegium zur Seite, das zwei, vier oder auch zwölf Mitglieder umfaßte; in manchen Dörfern unterstand der Dorfvorsteher diesem Rat und war auf dessen Zustimmung angewiesen. [...] Der dörflichen Selbstverwaltung waren verschiedene Bedienstete untergeordnet, deren Zahl und Pflichten von der Größe der Gemeinde und den dörflichen Wirtschaftsformen abhängig waren. Dazu gehörten von der Gemeinde angestellte Personen wie Hirten, Nachtwächter, Förster oder Dorfschreiber.

Werner Rösener: Die Bauern in der europäischen Geschichte. München 1993, S. 209 f.

Bauern im Mittelalter – selbstständiges oder fremdbestimmtes Leben?

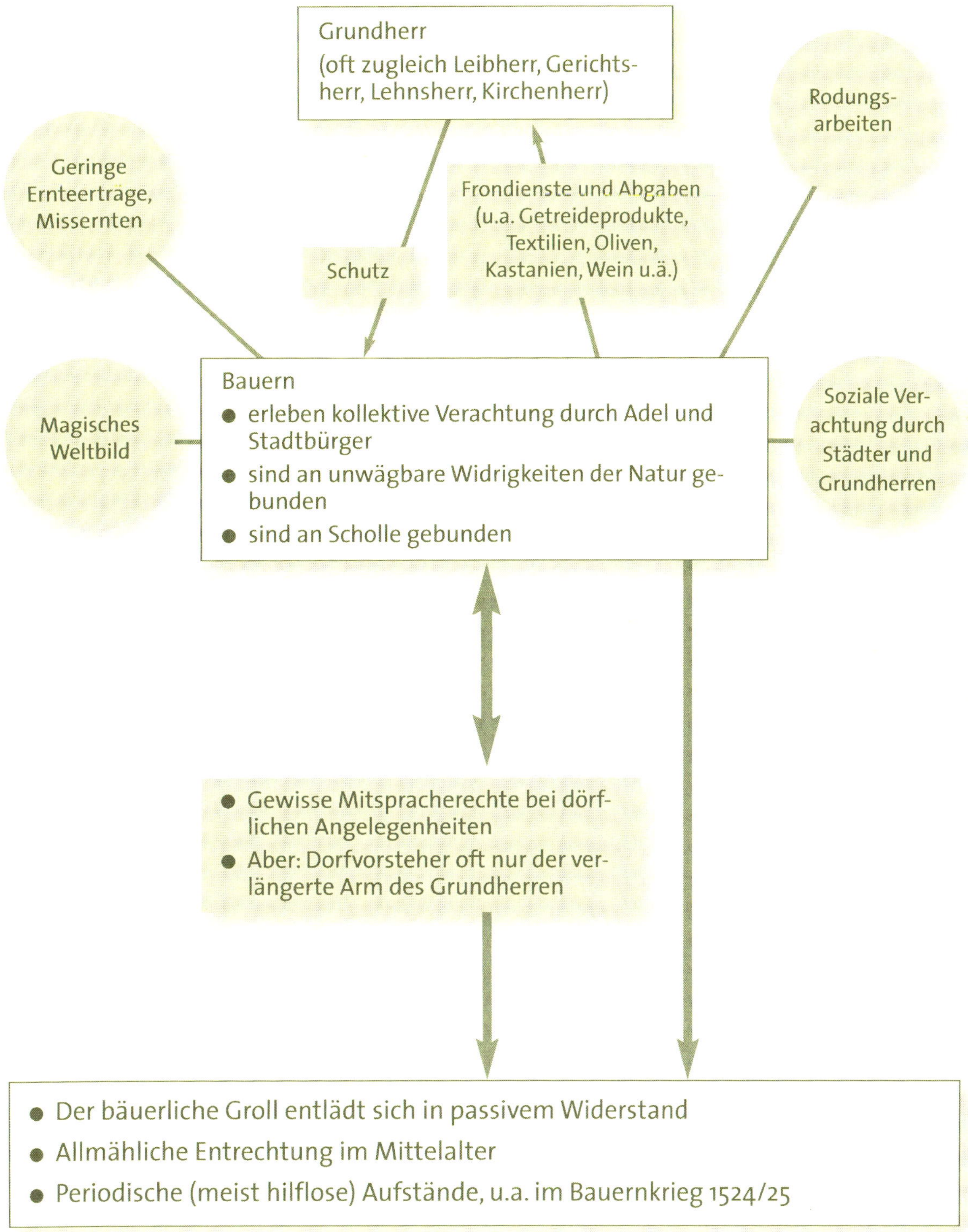

26 Adel im Mittelalter

Der Lütticher Domherr Levold von Northof über das Ideal eines Adeligen, 1357

Als der fast 80jährige Levold (1279-1359) seine Chronik (1357) verfasste, schickte er seinem Geschichtswerk Mahnungen an den jungen Grafen Engelbert voraus. Dieser war zwar in Lüttich sein Schüler gewesen, aber Levold war in Sorge über die künftigen Regierungspraktiken des Adligen. Levold erinnerte Engelbert, er solle seinen Dienern und dem Volk freundlicher begegnen; der Graf hingegen betrachtete wie viele deutsche Territorialfürsten die Grafschaft als persönliches Eigentum, mit dem er tun und lassen konnte, was er wollte.

Unter anderen, lebenden und toten Amtmännern sind es drei, die mir jetzt in lebendiger Erinnerung sind und deren Werke heute noch zu sehen sind: Ritter Ludolf von Bönen, Ritter Rutger von Altena und Gerhard von Plettenberg, der noch am Leben ist. Ludolf hat nämlich, wie der Bericht der Alten bezeugt, unter Graf Adolf für dessen Nutzung die Burg Mark mit ihrem Zubehör von einem Rabodo von der Mark käuflich erworben, die Burg Blankenstein neu erbaut und der Grafschaft durch Kauf viele Besitzungen und Rechte zugebracht. Auch der Drost Rutger von Altena, dessen Wandel und Werke ich kannte, war ein treuer und tüchtiger Verwalter von Nutz und Ehre seines Herrn. Unter Graf Eberhard hat er im Krieg gegen den Kölner Erzbischof (Sigfrid) Burg und HerrschaftWaldenburg von Herrn Hunold von Plettenberg mit eigenem Geld zur Nutzung für den Grafen gekauft und befestigt. Er hat die Stadt (Berg-) Neustadt gegründet und gesichert; er hat die Burg Schwarzenberg gesichert und dort einen starken Turm gebaut.

Wie nützlich und treu sodann der Drost Gerhard von Plettenberg in seinem Amt war, das bekunden seine Werke. In dem Gebiet, das ihm anvertraut war, hat er Eure Rechte gewahrt, von Untertanen keine Geschenke gefordert und sich so verhalten, daß er bei allen, die er leitet, beliebt ist. Er hat die Burg Schwarzenberg und die Stadt (Berg-) Neustadt, die der Ritter Rutger zu gründen angefangen hatte, weiter und vollends befestigt, dieser Stadt eine neue Burg gegeben und vieles andere Nützliche dort getan. Er hat auch Burg (Neuen-) Rade mit der anliegenden Stadt ganz neu erbaut und gesichert und dort für die Nutzung durch die Burg viele Güter ringsum erworben, auch sonst mit Mühlen und Fischteichen dort viel Nützliches getan. Derselbe Gerhard hat ferner Burg Klusenstein gebaut und gesichert. Bei alledem ist zu betonen, daß von diesen drei Amtmännern [...] keiner in seiner Amtszeit eine Befestigung für sich gebaut hat, wie es heutzutage Amtmänner tun, die manchmal die Burgen ihres Herrn einstürzen und verfallen lassen. [...]

Aus: Arno Borst: Lebensformen im Mittelalter, Frankfurt/M. u.a. 1979, S. 441-443

Was kennzeichnet den wirklichen Adel im Mittelalter?

Ideal: Der wirkliche/gute Adel	Realität: Der schlechte Adel
• fühlt sich seinem Herrn und dem Land verpflichtet	• betrachtet sein Land als persönliches Eigentum, mit dem er machen kann, was er will
• bemüht sich um die Sicherung des Landes	• verfolgt eigene Interessen
• verfolgt Interessen des Königs/ Landesherren	• nutzt königliche Interessen als Vorwand für eigene Interessenverfolgung
• fördert Wohl der Untertanen	• plündert Untertanen aus
• fördert Schutz der Untertanen	• schützt sich vor den Untertanen
• gibt sein Vermögen für das Land aus	• bereichert sich individuell
• versteht seinen Adel als Dienst, als Verpflichtung	• versteht Adel als Vorrang

Adelige steigen seit dem Spätmittelalter in den Landesdienst auf oder verkommen zu Raubrittern

27 Ritter im Mittelalter

Wie ein Ritter sein soll

Aus dem „Ritterspiegel" des Johannes Rothe (um 1360-1434). Dieser war Stadtschreiber in Eisenach, Kanoniker und Historiker. Der „Ritterspiegel" erschien um 1415 und war die umfangreichste deutsche Standeslehre für Ritter.

Er soll niemanden bekämpfen, der ihm nicht an Leib oder Gut Übles getan hat oder ein Ungläubiger ist. Er soll sich mit seinen Zinsen und Einkünften begnügen, den Untertanen Frieden verschaffen und nicht mit Gewalt über sie herrschen. Er soll die armen Leute nicht berauben, nicht würgen, noch Christen erpressen und bewuchern. [...] Der Ritter erhält sein Schwert auch zum Kampf gegen böse Sünden bei Freunden und Feinden. [...] Als zweites Kleinod gebe man dem Ritter ein Ringlein von Gold und Edelstein. Das Ringlein ist ringsum zu und hat kein Ende, so soll des Ritters Treue sein. Der Edelstein ist der Christenglaube, der Ritter halte Gott die Treue und lasse sich den Stein nicht rauben. [...]

Der Ritter soll gegen seinen Freund weich sein wie das lautere Gold, den Bösen soll er immer feind sein, so ist er weise und kühn. [...] Der Ritter soll gegen sein Hausgesinde kein Löwe sein, er könnte sie sonst ungetreu finden. Er soll auch nicht zu zart gegen sie sein, sonst könnten sie sich darauf verlassen und ihm den Gehorsam weigern; er trachte nach dem rechten Maß. [...] So ist ein rechter Edelmann.

Aus: Geschichte in Quellen. Mittelalter, bearb. Von W. Lautemann. München 1978, S. 450 (Übers.: J. Bühler)

Die Haltung der Kirche zu Ritterturnieren

Aus der Chronik des Augustinerchorherrenstifts Lauterberg bei Halle (Chronicon Montis Sereni), um 1230:

Graf Konrad, Sohn des Markgrafen Dietrich von der Lausitz, wurde bei einer ritterlichen Übung, gewöhnlich Turnier genannt, am 17. November durch einen Lanzenstoß getötet. Dieses verderbliche Spiel hatte in unseren Gegenden damals solche Verbreitung gefunden, dass dabei in einem einzigen Jahre sechzehn Ritter ums Leben gekommen waren. Erzbischof Wichmann sprach deshalb über alle den Kirchenbann aus, die sich an einem Turnier beteiligten. Er hielt sich eben in Österreich auf, als er die Nachricht vom Tode des Grafen Konrad erhielt, und sandte sofort Boten, die dessen kirchliches Begräbnis verhindern sollten. Als dann später der Erzbischof [...] in der Kirche zu Halle eine Synode abhielt, erschienen daselbst der Vater des toten Grafen und seine Brüder [...] mit vielen Edelleuten und Dienstmannen; die warfen sich tränenüberströmt mit lautem Wehklagen dem Erzbischof und allen Geistlichen zu Füßen und flehten, man möge den Toten durch die Verweigerung eines christlichen Begräbnisses nicht von der Gemeinschaft der Gläubigen ausschließen. Sie versicherten, der Graf habe vor seinem Tode gebeichtet, sei von seinen Sünden losgesprochen und der Kommunion des Leibes Christi gewürdigt worden. Als nämlich der Graf schwer verwundet dalag, war eben ein Ordensgeistlicher vorbeigekommen, der sich auf die Bitten der Freunde zu dem Sterbenden begab. [...]

Außerdem legten die Fürsten auf Verlangen des Erzbischofs über heiligen Reliquien einen Eid ab, sich nie wieder an einem Turniere zu beteiligen, niemals ein solches in ihrem Gebiet zu gestatten und ihre Untergebenen und Dienstmannen auf alle Weise davon abzuhalten. Nun erst bewilligte der Erzbischof dem Toten ein kirchliches Begräbnis.

Chronicon Montis Sereni, 1175, MG SS XXIII, S. 155; aus: Geschichte in Quellen. Mittelalter, bearb. von W. Lautemann. München 1978, S. 453 f. (Übers.: J. Bühler)

Wie es mit dem Rittertum zu Ende ging

Im Mittelalter waren die Kriege von berittenen Kämpfern bestimmt, was sich vor allem in den Kreuzzügen zeigte. Im 14. und 15.Jahrhundert änderte sich die Kriegführung: Nun bestimmten zunehmend Fußsoldaten mit langen Stoßlanzen und Langbögen, deren Pfeile eine enorme Durchschlagkraft besaßen, die Kämpfe. Die Soldaten wurden von den Fürsten als Söldner angeworben. Mit dem Aufkommen der Schusswaffen (Gewehre, Kanonen) verlor das Rittertum seine kriegerische Bedeutung vollends. Viele Burgen verfielen, einige Ritter lebten als Raubritter weiter.

Herbert Kohl

Das Leben der Ritter – Ideal und Wirklichkeit

Das Ideal: Eigenschaften des guten Ritters

- Als Herr: genügsam, gerecht gegenüber Untertanen, soll für Frieden sorgen
- Als Kämpfer: für den christlichen Glauben und gegen Bosheit und Sünde kämpfen
- Als Christ: treu gegenüber Gott, im Glauben fest
- Als Familienvater und Freund: weich und weise, aber auch nicht zu zart

Der Ritter soll ein echter „Edelmann“ sein

Die Wirklichkeit

- Trotz kirchlichen Verbots nahmen Ritter an Turnieren teil
  ➔ Kirche verweigert ein christliches Begräbnis (hier Ausnahme)
- Ritter waren oft rauf- und streitlustig
  ➔ häufige Fehden, die von der Kirche ebenfalls bekämpft wurden (Bemühen um „Gottesfrieden“)
- Ritter, die nichts erbten, mussten oft fremden Herren dienen
  ➔ wichtiger Grund für den Erfolg der Kreuzzugsidee

➔ Die Vorstellung vom Ritterleben war oft geschönt und idealisiert – heute *und* damals

Das Ende

- Söldner übernahmen die Rolle der Ritter als Soldaten
- Viele Ritter lebten als Raubritter weiter

28 Erklärte und unerklärte Kleinkriege im Mittelalter – die Fehden

Die Fehde Franz von Sickingens mit dem Landgraf Philipp von Hessen

Der Ritterstand verlor im ausgehenden Mittelalter immer mehr seine Bedeutung und seinen Einfluss, aber viele Ritter wollten sich den erstarkenden Fürsten nicht unterordnen. Zu ihnen gehörte Franz von Sickingen (1481-1523), der zwischen Nahe und Rhein mehrere gut befestigte Burgen besaß. Sein Nachbar war der erst 13-jährige Landgraf Philipp von Hessen (1504-1567). Diesem erklärte er 1518 die Fehde, ließ aber den Fehdebrief dem Landgrafen erst am Angriffstag zustellen.

Sickingen fällt in das Gebiet des Landgrafen ein, erobert Gernsheim und belagert Darmstadt. In einem Friedensvertrag muss der Landgraf hohe Entschädigungen an den Ritter zahlen. Der erpresste Vertrag wird allerdings später von Kaiser Maximilian I. für null und nichtig erklärt.

1522 greift der protestantisch gewordene Franz von Sickingen im so genannten Ritteraufstand das katholische Kurfürstentum Trier an. Aber das Blatt hat sich nun gewendet: Die Fürsten von Trier, Hessen und der Kurfürst von der Pfalz zerstören gemeinsam nach und nach die Burgen des Sickingen und die seiner Anhänger. Der Ritter kommt bei der Eroberung seiner Burg in Landstuhl ums Leben. Die Zeit der Ritter ist damit vorbei. In der Zeit des Absolutismus beansprucht der Staat das Gewaltmonopol. Konflikte sollen nun vor staatlichen Gerichten ausgetragen werden.

Hartmann Wunderer

Verbot unrechtmäßiger Fehden

Aus der „Goldenen Bulle" Kaiser Karls IV., 1356:

Wir erklären, daß diejenigen, welche in Zukunft unter dem Vorwand, eine rechtmäßige Ursache zur Befehdung anderer zu haben, denselben an Orten, wo sie ihre Wohnung nicht haben oder gewöhnlich nicht wohnen, zur Unzeit Fehde ansagen, wegen alles durch Brandstiftungen, Raub oder Plünderungen zugefügten Schadens ehrlos sein sollen. Und weil Betrug und Arglist niemandem zustatten kommen sollen, bestimmen wir durch dieses immerdar gültige Gesetz, daß dergleichen Fehdeansagungen, die wider irgendwelche Herren oder Personen, mit denen man in Verbindung gestanden, vertrauten Umgang gehabt oder sonst in ehrlicher Freundschaft verkehrt hat, auf solche Art geschehen sind oder künftig geschehen werden, ungültig sein sollen und daß es nicht erlaubt sei, unter dem Vorwand der Fehde jemanden mit Brandstiftungen, Raub oder Plünderung anzugreifen, außer wenn die Fehde drei natürliche Tage zuvor dem zu Befehdenden persönlich oder an einem Ort, wo er zu wohnen pflegt, öffentlich angesagt worden ist und diese Fehdeansage durch glaubwürdige Zeugen bewiesen werden kann. Wer sich untersteht, jemanden auf andere Weise zu befehden und anzugreifen, soll sich dadurch Ehrlosigkeit zuziehen, gleichwie wenn keine Fehdeansage geschehen wäre; und wir wollen auch, daß derselbe als ein Verräter von jeglichem Richter mit den gesetzlichen Strafen bestraft werde.

Wir verbieten und verurteilen auch alle und jede unrechtmäßigen Kriege und Händel, wie auch alle unrechtmäßigen Brandstiftungen, Raub und Plünderungen, ungehörigen und ungewöhnlichen Zölle und Geleite und die Gebühren, die für diese Geleite erpreßt werden, unter [Androhung der] Strafen, mit denen die geheiligten Gesetze die vorerwähnten Dinge und deren jegliches zu bestrafen bestimmen.

Aus: Geschichte in Quellen. Mittelalter, bearb. von W. Lautemann. München 1978, S. 779 (Bearb.: K. Müller)

Fehden: Faustrecht im Mittelalter und wie dieses allmählich überwunden wurde

Regeln:

- Fehde musste vorher erklärt werden (Fehdebrief), an bestimmten Tagen durften keine Fehden ausgetragen werden
- Bestimmte Personen (Geistliche, Schwangere, Schwerkranke, Pilger, Kaufleute, Bauern u.a.) sollten geschont werden
- Kirchen, Friedhöfe und Gerichtsstätten galten als tabu
- Wer zum oder vom König unterwegs war, durfte nicht angegriffen werden

Realität:

- Regeln wurden oft nicht eingehalten
- Auch Regelungen der Goldenen Bulle schaffen keine Lösung
- Fehlen einer starken Zentralgewalt
- Wirksame Kontrolle des Fehdewesens war kaum möglich

Lösung des Problems:

- Ritterschaft erleidet beim Ritteraufstand 1523 schwere Niederlage
- Allmähliches Verschwinden der Reichsritter
- Regelung von Konflikten durch den Rechtsweg
- Herausbildung des staatlichen Gewaltmonopols (langer Prozess)

29 Die Christianisierung der Franken

Bonifatius, der „Apostel der Deutschen"

Die Tätigkeit des in England geborenen Missionars Bonifatius (675-755) war für das deutsche Mittelalter von außerordentlicher Bedeutung. Im Jahr 719 erhielt er vom Papst den Missionsauftrag für „alle im Unglauben befangenen Völker". Im Jahr 732 wurde er zum Erzbischof von Mainz ernannt. Er missionierte erfolgreich in Hessen und Thüringen. Genauso wichtig war die von ihm durchgeführte Neuordnung der Kirchenverwaltung. Er stand in enger Verbindung mit den fränkischen Königen und deren Hausmeiern Karl Martell, Karlmann und Pippin, die ihn unter ihren Schutz stellten. Sie sahen im gemeinsamen christlichen Glauben eine Kraft, die den Zusammenhalt des Frankenreichs fördern konnte. Bonifatius nahm auf seine Missionsreisen auch Krieger und Handwerker mit. Er gründete zahlreiche Klöster und Bischofssitze (z.B. Regensburg, Würzburg, Erfurt). Auf seiner letzten Missionsreise zu den Friesen im Jahr 755 wurde er erschlagen.

Herbert Kohl

Eingliederung in die Kirchenordnung

Papst Gregor III. beglückwünscht Bonifatius, 739:

Wir wissen es, und in deinem brüderlichen Schreiben hast du es uns mitgeteilt, dass von den Völkern Germaniens unser Herr und Gott in seiner Gnade etwa hunderttausend vom Heidentum befreit hat [...]. Du hast uns außerdem mitgeteilt, dass du zum Bayernvolke gekommen seiest und gefunden hättest, dass sie außerhalb der Kirchenordnung lebten, weil sie im ganzen Lande nur einen einzigen Bischof hätten, den wir vor langer Zeit einmal geweiht haben, [...] und dass du mit Zustimmung des Otilo, des Herzogs der Bayern, und des Adels drei neue Bischöfe für dies Land geweiht hast und die ganze Landschaft in vier Teile zerlegtest, das heißt in vier Kirchenbezirke, so dass jetzt jeder Bischof seinen Bezirk hat.

MG Epp. m, Abschnitt VI, Nr. 45, S. 293; aus: Geschichte in Quellen. Mittelalter, bearb. von W. Lautemann. München 1978, S. 46 (Bearb.: W. Lautemann)

Verbot heidnischer Riten

Der Hausmeier Karlmann beginnt die Kirchenreform, 742:

Im Namen unseres Herrn Jesus Christus. Ich, Karlmann, Herzog und Fürst der Franken, habe im 742. Jahre nach der Fleischwerdung Christi [...] [den Erzbischof Bonifatius und] die Bischöfe, die in meinem Königreiche leben, mit den Presbytern [Gemeindeleitern] aus Gottesfurcht zu einem Konzil und einer Synode [Kirchenversammlung] berufen [...], damit sie mich beraten sollten, wie Gottes Gesetz und die Religion der Kirche wiederhergestellt werde [...] und nicht durch den Betrug falscher Priester verkommen müsse.

1. Und auf den Rat meiner geistlichen und weltlichen Großen ordne ich an, dass in den Städten Bischöfe ordiniert [geweiht] werden sollen, und über sie setze ich den Erzbischof Bonifatius, welcher der Legat [Gesandter] des heiligen Petrus ist. [...]

2. Wir verbieten den Knechten Gottes ganz und gar, Waffen zu tragen und zu kämpfen und gegen den Feind zu ziehen. [...] Und ebenso verbieten wir allen Knechten Gottes die Jagd und das Umherstreifen mit Hunden im Walde. [...]

3. Entsprechend den kanonischen Bestimmungen verordnen wir, dass jeder Priester dem Bischof der Parochie [Amtsbezirk], in der er wohnt, Untertan sei. Er soll immer zur Zeit der vierzigtägigen Fasten dem Bischof Rechenschaft ablegen über die Art und Ordnung seines Amtes. [...]

5. Wir ordnen an, dass entsprechend den kanonischen [kirchlichen] Bestimmungen jeder Bischof in seinem Sprengel mit Hilfe des Grafen [...] sorgfältig darüber wache, dass nicht das christliche Volk heidnische Bräuche treibe, sondern allen heidnischen Schmutz austreibe und vernichte. [...]

6. Ebenso verordnen wir, dass [...] jeder Geistliche und jede Nonne, die bei einem Unzuchtsverbrechen ertappt werden, bei Wasser und Brot eingekerkert werden und Buße leisten sollen.

MG LL Cap. I, Karlmanni principis capitulare, S. 24ff.; aus: Geschichte in Quellen. Mittelalter, bearb. von W. Lautemann. München 1978, S. 48. (Übers.: W. Lautemann)

Warum war Bonifatius der „Apostel der Deutschen“?

Grundlage:

- Als Erzbischof von Mainz war Bonifatius oberster Vertreter der Kirche im Frankenreich
- Missioniert im Auftrag des Papstes
- Schutz durch fränkische Könige

Methoden der Missionierung:

- Große Missionsreisen mit Verkündigung und Massentaufen
- Beseitigung alter Heiligtümer (z.B. Donareiche)
- Handwerker errichten (einfache) Kirchen
- Neuordnung der Kirchenverwaltung (z.B. in Bayern)
- Einsetzung von Priestern und Bischöfen ➔ Festigung des Glaubens

Besonders wichtig:
Die Zusammenarbeit des Bonifatius mit den fränkischen Herrschern

- Frankenherzog (Hausmeier/Vertreter des Königs) beruft Kirchenversammlungen ein
- Sorgt für eine strenge Hierarchie in der Kirche (Bonifatius ➔ Bischöfe ➔ Priester)
- Verbietet den Geistlichen das Waffentragen und die Jagd; Will moralisch vorbildliche Geistliche und Nonnen
- Willen heidnische Bräuche auslöschen; Ziel: Einheit des Glaubens

Der gemeinsame Glaube soll helfen, das aus vielen Stämmen bestehende Frankenreich zu vereinen und die Herrschaft des Königs zu sichern

Bonifatius’ Wirken stellt enge Verbindung zwischen Frankenreich und Papsttum her
➔ wichtig für die Königskrönung Pippins und die Kaiserkrönung Karls des Großen

30 Die Kaiserkrönung Karls des Großen 800

Einhard über die Kaiserkrönung Karls des Großen im Jahr 800

Einhard (um 770-840) war ein fränkischer Gelehrter und Berater Karls des Großen und dessen Sohnes, Ludwigs des Frommen. Die Kaiserkrönung Karls war ein politisch sehr riskantes Unternehmen. Die Darstellung Einhards kann als Versuch gelten, die Krönung vor allem gegenüber dem Byzantinischen Reich politisch abzusichern und zu rechtfertigen. Die Lebensbeschreibung Karls entstand zwischen 817 und 830. Die genaue Datierung ist umstritten.

In der Armenfürsorge und im Spenden freiwilliger Gaben, auf griechisch: Almosen, bewies er viel frommen Eifer, wie er denn dafür nicht bloß in seinem Vaterland und in seinem Reich sorgte, sondern auch weit übers Meer Geld zu schicken pflegte nach Syrien, Ägypten und Afrika, nach Jerusalem, Alexandria und Karthago, wenn er hörte, daß dort Christen in Dürftigkeit lebten, aus Mitleid mit ihrer Not. Deswegen vornehmlich bewarb er sich auch um die Freundschaft mit Herrschern jenseits des Meeres, damit den unter ihrer Herrschaft lebenden Christen Erleichterung und Hilfe erwachse. Vor den andern heiligen und verehrungswürdigen Stätten ehrte er die Kirche des heiligen Apostels Petrus zu Rom, dessen Schatz er mit viel Gold, Silber und Edelsteinen bereicherte. Den Päpsten machte er viele und reiche Geschenke und nichts lag ihm während seiner ganzen Regierung so sehr am Herzen, als daß die Stadt Rom durch seinen Beistand und Eifer zu ihrem alten Ansehen gelange und die Kirche des heiligen Petrus durch ihn nicht allein in sicherem Schutz und Schirm, sondern auch durch seine Mittel vor allen Kirchen reich und mächtig sei. So hoch er sie aber auch ehrte, so kam er während der siebenundvierzig Jahre seiner Regierung doch nur viermal dorthin, um sein Gelübde zu erfüllen und zu beten.

Seine letzte Reise hatte nicht darin allein ihren Grund, sondern sie wurde auch dadurch veranlaßt, daß Papst Leo durch die vielen Mißhandlungen, die er von seiten der Römer erlitten hatte, indem sie ihm nämlich die Augen ausrissen und die Zunge abschnitten[1], sich genötigt sah, den König um Schutz anzuflehen. Er kam also nach Rom und brauchte daselbst den ganzen Winter, um die Kirche aus der überaus großen Zerrüttung[2], in die sie verfallen war, zu reißen. Damals war es, daß er die Benennung Kaiser und Augustus empfing; das war ihm zuerst so zuwider, daß er versicherte, er würde an jenem Tage [25.12.800], obgleich es ein hohes Fest war, die Kirche nicht betreten haben, wenn er des Papstes Absicht hätte vorherwissen können. Den Haß der römischen Kaiser [in Konstantinopel], die ihm die Annahme des Kaisertitels sehr verübelten, trug er mit großer Gelassenheit, und mit der Hochsinnigkeit, in der er ohne alle Frage weit über ihnen stand, wußte er ihren Trotz zu besiegen, indem er häufig durch Gesandtschaften mit ihnen verkehrte und sie in seinen Briefen als Brüder anredete.

Einhard: Leben Karls des Große. Aus: Quellen zur karolingischen Reichsgeschichte, 1. Teil, Ausgewählte Quellen zur deutschen Geschichte des Mittelalters, Bd. V, hrsg. von Reinhold Rau. Darmstadt 1968, S. 199 ff.

Krönungsbericht aus Rom

Aus einer Lebensbeschreibung Papst Leos III. (795-816):

Am Tage der Geburt unseres Herrn Jesu Christi waren alle in der schon genannten Basilika des heiligen Apostels Petrus wiederum versammelt. Und da krönte ihn [Karl] der ehrwürdige und segenspendende Vorsteher [der Papst] eigenhändig mit der kostbarsten Krone. Darauf riefen alle gläubigen und getreuen Römer, die den Schutz und die Liebe sahen, die er [Karl] der römischen Kirche und ihrem Vertreter gewährte, einmütig mit lauter Stimme auf Gottes Geheiß und des heiligen Petrus, des Himmelreiches Schlüsselträger, Eingebung aus: Karl, dem frömmsten Erhabenen, von Gott gekrönten großen und den Frieden schützenden Kaiser, langes Leben und Sieg! Vor der heiligen Confessio [Grabstätte] des seligen Petrus ist das, unter Anrufung vieler Heiliger, dreimal ausgerufen worden, und von allen ist er als Kaiser der Römer eingesetzt worden.

Aus: Geschichte in Quellen. Mittelalter, bearb. von W. Lautemann. München 1978, S. 70 f. (Übers.: W. Lautemann)

[1] Von diesen „Misshandlungen" ist der Papst bald darauf auf wundersame Weise wieder genesen.
[2] Die mit dem Papst verfeindeten römischen Adligen wurden ausgeschaltet und vielleicht auch hingerichtet.

Warum interpretierten Zeitgenossen die Kaiserkrönung Karls im Jahr 800 unterschiedlich?

Sicht Einhards:

Betonung von besonderen Verdiensten Karls:

- Armenfürsorge, Spenden an notleidende Christen
- Schutz und Förderung des bedrohten und „misshandelten" Papstes und der Stadt Rom
- Karl „wusste nichts" von den Krönungsplänen des Papstes (tatsächlich gab es vorher Absprachen beim Hoftag in Paderborn 799)

Sicht des Papstes:

- Kaiserkrönung erfolgt durch göttliche Gnade („auf Gottes Geheiß")
- Sie entspricht dem Willen des „römischen Volks"
- Papst krönt den Kaiser

Politische Folgen für Karl:

- Zusätzliche Herrscherlegitimation des Frankenkönigs
- Anerkennung durch Patriarchen von Jerusalem
- Aufwertung des Frankenreichs durch Anspruch der Rechtsnachfolge des Römischen Reichs
- Dauerkonflikt und Rivalität mit byzantinischem Kaiser

Dauerkonflikt mit Papst:

- Unklar bleibt, wer Vorrangstellung genießt
- Unklar bleibt, wer über die Kaiserwahl entscheidet
- Zahlreiche Konflikte zwischen Kaiser und Papst bis ins 14. Jahrhundert

31 Königskrönung im Mittelalter

König und Kaiser

Seit Otto I. (zum König gekrönt 936) nahm der deutsche König auch den Titel eines Römischen Kaisers an (ab 962). Die Kaiserkrone war somit das Sinnbild nicht nur des Deutschen Reiches, sondern eines wiedererstandenen römischen Weltreiches. Deshalb bezeichnete sich das mittelalterliche Deutsche Reich ab dem 12. Jahrhundert als Heiliges Reich und ab dem späten 15. Jahrhundert als Heiliges Römisches Reich Deutscher Nation. Kaiser konnte ein gewählter und gekrönter deutscher König allerdings nur werden, wenn er (bis 1508) nach Rom zog, um sich dort vom Papst salben und krönen zu lassen. Dies taten zwar die meisten, aber nicht alle deutschen Könige.

Herbert Kohl

Die Königserhebung Ottos I.

Der Mönch Widukind von Corvey (925-973) in seiner „Sachsengeschichte" über die Krönung Ottos I. zum König im Jahr 936, spätes 10. Jh.:

Als Ort der allgemeinen Wahl nannte und bestimmte man die Pfalz Aachen. [...] Und als man dorthin gekommen war, versammelten sich die Herzöge und obersten Grafen mit der übrigen Schar vornehmster Ritter in dem Säulenhof, der mit der Basilika Karls des Großen verbunden ist, setzten den neuen Herrscher auf einen dort aufgestellten Thron, huldigten ihm, gelobten ihm Treue, versprachen ihm Unterstützung gegen alle seine Feinde und machten ihn nach ihrem Brauch zum König.

Während dies die Herzöge und die übrige Beamtenschaft vollführten, erwartete der Erzbischof [von Mainz] mit der gesamten Priesterschaft und dem ganzen Volk im Innern der Basilika den Auftritt des neuen Königs. Als dieser erschien, ging ihm der Erzbischof entgegen, berührte mit seiner Linken die Rechte des Königs [...] und sagte: „Seht, ich bringe euch den von Gott erwählten und von dem mächtigen König Heinrich einst designierten, jetzt aber von allen Fürsten zum König gemachten Otto; wenn euch diese Wahl gefällt, zeigt dies an, indem ihr die rechte Hand zum Himmel emporhebt." Da streckte das ganze Volk die Rechte in die Höhe [...].

Dann schritt der Erzbischof mit dem König, der nach fränkischer Sitte mit einem eng anliegenden Gewand bekleidet war, hinter den Altar, auf dem die königlichen Insignien lagen: das Schwert mit dem Wehrgehänge, der Mantel mit den Spangen, der Stab mit dem Zepter. [...] Er nahm von dort das Schwert mit dem Wehrgehänge auf, wandte sich an den König und sprach: „Nimm dieses Schwert, auf dass du alle Feinde Christi verjagst, die Heiden und schlechten Christen, da durch Gottes Willen dir alle Macht im Frankenreich übertragen ist, zum unerschütterlichen Frieden für alle Christen."

Dann nahm er die Spangen, legte ihm den Mantel um und sagte: „Durch die bis auf den Boden herabreichenden Zipfel deines Gewandes seist du daran erinnert, mit welchem Eifer du im Glauben entbrennen und bis zum Tod für die Sicherung des Friedens eintreten sollst."

Darauf nahm er Zepter und Stab und sprach: „Durch diese Abzeichen bist du aufgefordert, mit väterlicher Zucht deine Untertanen zu leiten und in erster Linie den Dienern Gottes, den Witwen und Waisen die Hand des Erbarmens zu reichen; und niemals möge dein Haupt ohne das Öl der Barmherzigkeit sein, auf dass du jetzt und in Zukunft mit ewigem Lohn gekrönt werdest."

Auf der Stelle wurde er mit dem heiligen Öl gesalbt und mit dem goldenen Diadem gekrönt, [...] und nachdem die rechtmäßige Weihe vollzogen war, wurde er [...] zum Thron geführt, zu dem man über eine Wendeltreppe hinaufstieg, [...] so dass er von da aus alle sehen und selbst von allen gesehen werden konnte. [...]

Nachdem man dann das Lob Gottes gesungen und das Messopfer feierlich begangen hatte, ging der König hinunter zur Pfalz, trat an die marmorne, mit königlicher Pracht geschmückte Tafel und nahm mit den Bischöfen und dem ganzen Adel Platz [...].

Widukind von Corvey: Res gestae Saxonicae (Die Sachsengeschichte). Hrsg.: Ekkehart Rotter und Bernd Schneidmüller. Stuttgart 1981, S. 105 ff.

Wie wurde im Mittelalter der König gekrönt?

(Beispiel: Die Krönung Ottos I. 936)

- **Voraussetzung:** Die Bestimmung durch den Vater und Vorgänger Heinrich I. *(Designation)*
- **Ort:** Die Pfalz Karls des Großen in Aachen

Wo geschieht es?	Was geschieht?	Was bedeutet es?
Im Säulenhof	***Weltlicher Teil der Zeremonie***	
	• Die anwesenden Adligen setzen Otto auf den Thron • Sie geloben Treue und Unterstützung	Als seine Vasallen erkennen sie Otto als ihren Lehnsherren an
In der Basilika (Rundkirche)	***Geistlicher Teil der Zeremonie***	
	• Der Erzbischof von Mainz lässt Otto vom „Volk“ (Adlige) durch Handzeichen zum König wählen	
	• Er überreicht Otto die königlichen Insignien: • das Schwert • den Mantel mit Spangen • Zepter und Stab	Es sind Machtsymbole: (Herrschaftszeichen) • Schwert: zum Schutz der Christen • Mantel: König soll Vorbild im Glauben sein, den Frieden bewahren • Zepter: väterliche Fürsorge, Schutz und Hilfe für Witwen und Waisen
	• Otto wird mit heiligem Öl gesalbt und dem „Volk“ gezeigt • Man feiert gemeinsam die heilige Messe	➔ Der König hat seine Macht von Gott; er ist auch Schutzherr der Kirche

Gemeinsames Festmahl aller Teilnehmer

Was die Krönung zeigt:

- Auch der König ist Adliger; er besitzt unter den Adligen eine herausgehobene Stellung
- Die Krönung macht dies rechtmäßig, sie legitimiert ihn
- Seine Machtsstellung ist sakral begründet; sie entspricht (nach dem damaligen Glauben) dem Willen Gottes

Die deutschen Könige wurden auf diese Weise wurden ca. 600 Jahre lang gekrönt; ab dem 16. Jahrhundert fand die Krönung in Frankfurt am Main statt

32 Religiosität im Mittelalter – das Jenseits, das Wunder und Gottesurteile

Über das Fegefeuer in den Himmel

Der französische Historiker Jacques LeGoff (geb. 1924), 1989:

Die Ewigkeit ist für den Menschen des Mittelalters ganz nah. Auch wenn er immer weniger daran glaubt, daß das Jüngste Gericht bald kommt, schließt er es als Eventualität doch nicht aus. Hölle oder Paradies können schon morgen sein. Und bereits jetzt sind Heilige im Paradies, und (unzählige) Verdammte braten gewiß in der Hölle. Der Raum des Jenseits wird im 12.-13. Jahrhundert zum durchdachten System von drei und fünf Orten: Hölle und Paradies, und dazwischen ein zeitweiliges Jenseits, wo die nur mit läßlichen Sünden beladenen Toten oder solche im Zustand unvollendeter Reue unbestimmte Zeit verweilen: das Fegefeuer, das sich Ende des 12. Jahrhundens endgültig durchgesetzt hat. Bei der Auferstehung und beim Jüngsten Gericht wird das Fegefeuer gelöscht, da seine letzten Insassen ins Paradies gelangt sind, dessen Vorzimmer es ist. Das Jenseits umfaßt zwei Nebenorte: den Vorhimmel der Patriarchen, den Jesus entvölkert hat, indem er während seines irdischen Todes zur Hölle niederstieg; die Gerechten des Alten Testaments, die aber ungetauft sind, weil sie vor der Fleischwerdung gelebt haben, sind dabei ins Paradies aufgefahren, und ihr leerer Vorhimmel wurde auf ewig versiegelt. Dafür nimmt der Vorhimmel nun die ungetauft gestorbenen Kindlein auf, die keine peinliche Strafe leiden müssen, aber auf ewig der höchsten Gnade entbehren, das Angesicht Gottes zu schauen.

Daß Gott häufig direkt oder indirekt in die Ordnung der Natur eingreift, wird allenthalben anerkannt. Es gibt eine Hierarchie der Fürbitter: die Jungfrau Maria, die mächtigste, kann von Gott jedes beliebige Wunder erlangen; auch die großen Heiligen haben große Kraft, bei Gott vorstellig zu werden. Gewisse Heilige und vor allem Lokalheilige sind mehr oder minder eng spezialisiert. Wunder sind besonders dort häufig, wo der mittelalterliche Mensch am verletzlichsten ist: im Bereich des Leibes, wo zahllose Wunderheilungen vorkommen, im Bereich der Frauen im Kindbett und der Kinder, der bevorzugten Opfer des physischen und medizinischen Elends des Mittelalters. Um das anrüchige Treiben vorgeblicher Wundertäter einzuschränken, neigt die Kirche vom 13. Jahrhunden an dazu, solche Kräfte nur Heiligen, und dies auch erst nach ihrem Tode, zuzuschreiben. Als Folge dieser Bemühungen lebt die Verehrung von Reliquien wieder auf, deren Berührung das Wunder auslösen kann.

Gott kann auch bedingte Außerkraftsetzung der Naturgesetze in Fällen gestatten, in denen er direkt um ein Urteil angerufen wird, besonders bei der Wasserprobe, wo ein Beschuldigter, der nicht schwimmen kann, seine Unschuld damit beweist, daß er wider Erwarten nicht ertrinkt, und vor allem bei der Feuerprobe, bei der ein unschuldig Angeklagter ein Stück rotglühendes Eisen in die Hand nehmen oder über Flammen schreiten kann, ohne sich zu verbrennen. Das Gottesurteil kann sich auch im Ausgang eines Zweikampfs zeigen, bei dem einer der Kombattanten der Beschuldigte oder sein bezahlter oder ehrenamtlicher Kämpe ist. Die Kirche verbietet diese Gottesurteile auf dem 4. Lateranischen Konzil von 1215. Sie revolutioniert damit das Verfahren der Beweiserhebung: Mündliche und schriftliche Zeugenaussagen ersetzen den Spruch der Waffen oder der physischen Proben. Das Christentum hat so den mittelalterlichen Menschen noch weiter von magischen Überzeugungen und Praktiken gelöst.

Jacques LeGoff (Hrsg.): Der Mensch des Mittelalters. Frankfurt/M. 1989, S. 37-39

Wie gelangt der mittelalterliche Mensch zum ewigen Heil?

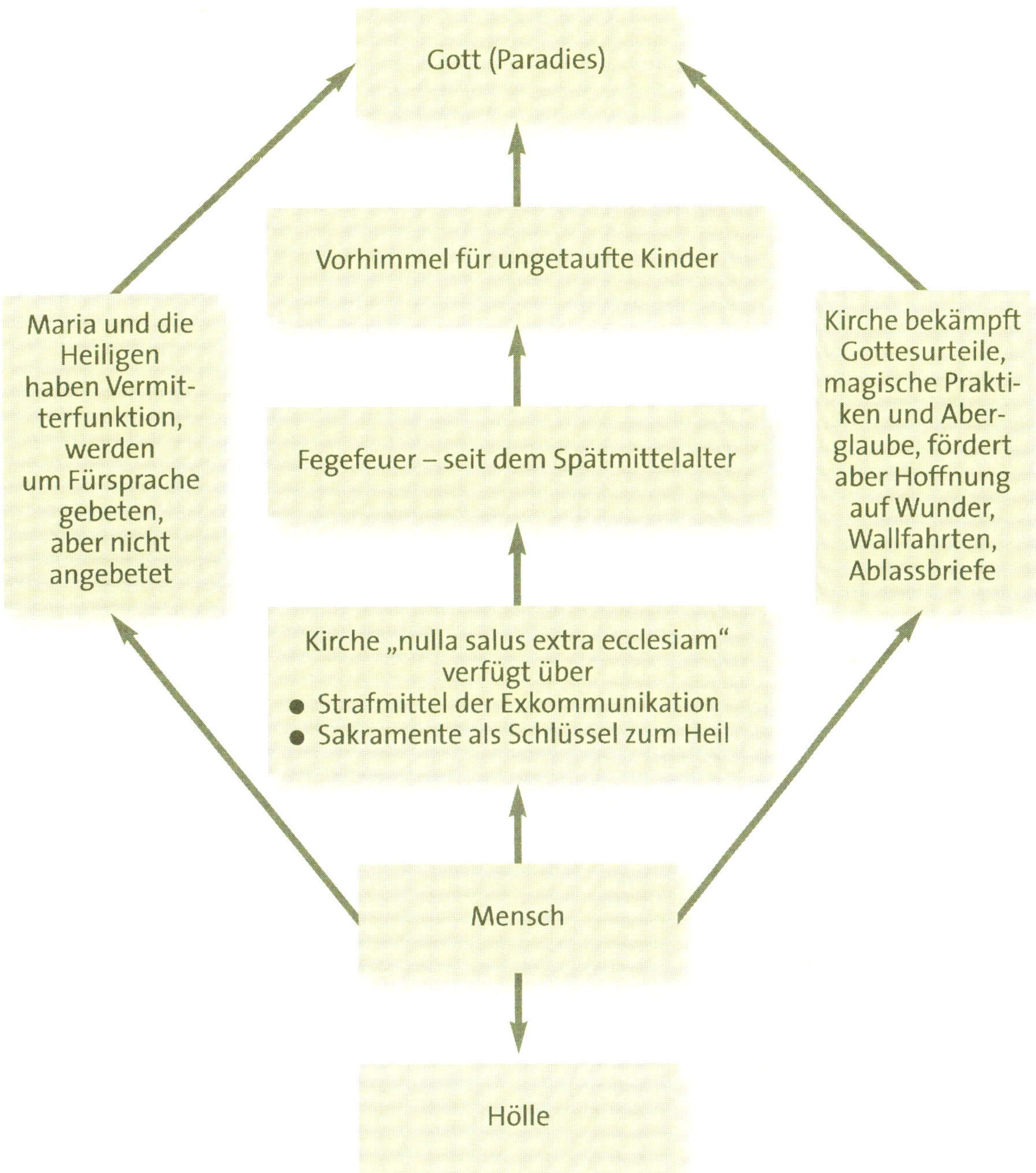

33 Investiturstreit

Bei diesem Konflikt ging es um das Recht der Bischofsinvestitur (Einsetzung ins Bischofsamt), zumal die Reichsbischöfe auch weltlich-herrschaftliche Aufgaben wahrnahmen und eine Stütze des Königs waren. Während das Recht der Bischofseinsetzung traditionell dem König zustand, prangerten die Reformpäpste des 11. Jahrhunderts die Vergabe von Kirchenämtern durch Laien als Missbrauch an. Zwischen König Heinrich IV. und Papst Gregor VII. eskalierte der Konflikt. Heinrich war im Januar 1077 nach Canossa gezogen, um dort vom Papst die Loslösung (Absolution) vom Kirchenbann zu erreichen.

Der fränkische Geschichtsschreiber Lampert von Hersfeld (1028-1085) schmückte die Begegnung zwischen König Heinrich IV. und Papst Gregor VII. auf der Burg Canossa lebendig aus:

Darauf erwiderten die Abgesandten, der König wolle sich nirgends auf der Welt seinem [des Papstes] Spruch entziehen, denn er kenne ihn als unbestechlichen Rächer und Beschützer des Rechts und der Unschuld, aber ihn dränge der nahe bevorstehende Jahrestag seiner Exkommunikation, und die Reichsfürsten sähen schon mit gespannter Erwartung und Aufmerksamkeit ängstlich auf den Ausgang der Sache, um ihn, wenn er nicht bis zu dem Tag vom Bann gelöst sei, nach den Pfalzgesetzen für unwürdig der Königswürde zu erklären [...]; deshalb bitte er inständig, bereit, jede Genugtuung, die der Papst verlange, zu leisten, daß er vorerst vom Bann losgesprochen werde und die Gnade der Kirchengemeinschaft wiedererlange, dann werde er [...], wegen aller Vergehen, die ihm seine Ankläger vorgeworfen hätten, ganz von vorn verantworten und nach seiner Entscheidung die Krone behalten, wenn er sich von den Vorwürfen gereinigt hätte, oder willig aufgeben, wenn er unterliege.

Der Papst widerstand lange, denn er fürchtete den jugendlichen Wankelmut des Königs und seine Bereitwilligkeit, Schmeichlern zu folgen, wohin sie ihn trieben. Schließlich aber ließ er sich durch das rücksichtslose Drängen der Unterhändler und das Gewicht ihrer Ansichten umstimmen und sprach: „Wenn er aufrichtig seine Tat bereut, soll er zum Zeichen wahrer, von Herzen kommender Reue die Krone und die übrigen Insignien des Reichs unsrer Gewalt übergeben und sich nach so frevelhafter Tat für unwürdig des königlichen Amtes und Namens erklären." Das aber erschien den Gesandten allzu hart. Und als sie heftig in ihn [den Papst] drangen, seinen Spruch zu mildern [...], da ließ er sich mit Mühe und Not die Zustimmung dazu abringen, daß er [Heinrich] vor ihm erscheine und, wenn er für seine Vergehen aufrichtig Buße tue, die Schuld, die er durch die dem apostolischen Stuhl angetane Schmach auf sich geladen habe, nunmehr durch Gehorsam gegen die Verordnungen des apostolischen Stuhles sühne.

Da kam der König, wie es ihm befohlen war, und da die Burg von drei Mauern umgeben war, wurde er in den zweiten Mauerring aufgenommen, während sein ganzes Gefolge draußen blieb, und hier stand er nach Ablegung der königlichen Gewänder ohne alle Abzeichen der königlichen Würde, ohne die geringste Pracht zur Schau zu stellen, barfuß und nüchtern vom Morgen bis zum Abend, das Urteil des Papstes erwartend. So verhielt er sich am zweiten, so am dritten Tage. Endlich am vierten Tag[1] wurde er zu ihm vorgelassen, und nach vielen Reden und Gegenreden wurde er schließlich unter folgenden Bedingungen vom Bann losgesprochen: Er solle an einem vom Papst zu bestimmenden Tag und Ort auf einer allgemeinen Versammlung, zu der die deutschen Fürsten berufen werden würden, erscheinen und auf die Anklagen, die man vorbringen werde, Bescheid geben; der Papst solle, wenn er es für vorteilhaft halte, selbst als Richter die Entscheidung treffen, und er solle auf seinen Urteilsspruch hin entweder die Krone behalten, wenn er sich von den Vorwürfen reinige, oder ohne Unmut verlieren, wenn seine Vergehen erwiesen seien und er nach den kirchlichen Gesetzen für die Zukunft der königlichen Würde für unwürdig erklärt werde; er solle, ob er nun die Krone behielte oder verlöre, für diese Demütigung in aller Zukunft an niemandem Rache nehmen. Bis zu dem Tage aber, an dem seine Sache nach einer förmlichen Untersuchung entschieden werde, dürfe er keinerlei königlichen Schmuck tragen, keine Abzeichen der königlichen Würde anlegen.

Aus: Geschichte in Quellen. Mittelalter, bearb. von W. Lautemann. München 1978, S. 310 f. (Übers.: A. Schmidt)

---

[1] Tatsächlich bekam Heinrich bereits am dritten Tage die Absolution.

Canossa – Folgen für die Kirche und den Kaiser

Papst:
- Verfolgt Kirchenreform
- Will Unabhängigkeit der Kirche
- Investitur von Bischöfen sei kirchliche Aufgabe

- Papst bannt und exkommuniziert den Kaiser (1076)
- Muss aber als Priester Heinrich nachgeben – Absolution
- Wird später aus Rom vertrieben

König:
- Will an Investitur festhalten
- Stützt sich auf die von ihm ernannten Bischöfe
- Muss mit starker Fürstenopposition rechnen

- Bann und Exkommunikation
- Verliert Unterstützung durch Reichsfürsten, Gegenkönig wird gewählt
- Einige Bischöfe wechseln die Fronten
- Heinrich muss nach Canossa gehen

Bewertung Canossas:
- Sieg des Papsttums, da Demütigung des Königs
- Aber: zugleich Sicherung der bedrohten Machtstellung des Kaisers
- Päpstlicher Machtanspruch wird in späteren Jahrhunderten maßlos gesteigert

Kompromiss im Wormser Konkordat 1122:
- König verzichtet auf Investitur
- Bischofswahl durch Domkapitel in Gegenwart des Königs
- Verleihung der geistlichen Herrschaftszeichen Ring und Stab an den Bischof durch den Papst
- Verleihung der mit dem Bischofsamt verbundenen weltlichen Regalien durch den König

Später: Entflechtung von Kirche und Staat, politischer Machtverlust des Papstes

34 Wie kam es zu den Kreuzzügen?

Wie es zum ersten Kreuzzug kam

Jerusalem war für die Christen im Mittelalter das wichtigste Ziel für Pilgerreisen. Auch nach der Besetzung der Stadt durch die Araber im Jahr 637 konnten sie ungehindert dorthin reisen. Nachdem aber um 1070 die Seldschuken, ein türkischer Nomadenstamm, Palästina und Jerusalem erobert hatten, wurden die Reisewege dorthin abgeriegelt. Der oströmische Kaiser Alexios I. wandte sich deshalb im Jahr 1095 mit der Bitte um Hilfe an Papst Urban II. Dieser Hilferuf kam dem Papst sehr gelegen. Er befand sich in einem erbitterten Streit mit dem deutschen Kaiser Heinrich IV. (Investiturstreit) und hoffte als Befreier des heiligen Landes, seine Stellung unter den europäischen Christen zu stärken.

Im Dezember des Jahres 1095 fand im französischen Clermont ein Konzil statt, auf dem Papst Urban vor hohen Geistlichen und Adligen eine flammende Rede hielt. Er forderte die Christen zum bewaffneten Kampf gegen die Ungläubigen auf. Viele Ritter und andere Adlige sollen sich danach spontan ein Kreuz auf ihren Umhang geheftet haben. Später nannte man sie deshalb Kreuzfahrer.

Bevor das Kreuzfahrerheer aufbrach, machten sich einige Tausend Leute aus dem einfachen Volk auf den Weg nach Jerusalem. Sie kamen hauptsächlich aus Frankreich und vom Niederrhein. Sie plünderten in den Städten entlang des Rheins die jüdischen Gemeinden und töteten dort viele Juden, die sie als „Christusmörder" bezeichneten. Dieser „Kreuzzug der Armen" endete in Kleinasien, wo nach vorherigen großen Verlusten die letzten Teilnehmer von einem türkischen Heer vernichtet wurden.

Herbert Kohl

Urban II. ruft zum Kreuzzug auf

Die Rede Papst Urbans II. auf dem Konzil von Clermont (1095), einige Jahre später von einem Augenzeugen, dem Mönch Robert von Reims, aufgeschrieben:

Aus dem Land Jerusalem und der Stadt Konstantinopel kam schlimme Nachricht [...]: Das Volk im Perserreich, ein fremdes Volk, ein ganz gottfernes Volk [...] hat die Länder der dortigen Christen besetzt, durch Mord, Raub und Brand entvölkert und die Gefangenen teils in sein Land abgeführt, teils elend umgebracht; es hat die Kirchen Gottes gründlich zerstört oder für seinen Kult beschlagnahmt. [...] Wem anders obliegt nun die Aufgabe, diese Schmach zu rächen, dieses Land zu befreien, als euch? Euch verlieh Gott mehr als den übrigen Völkern ausgezeichneten Waffenruhm, hohen Mut, körperliche Gewandtheit und Kraft. [...] Kein Besitz, keine Haussorge soll euch fesseln. Denn dieses Land, in dem ihr wohnt, ist allenthalben von Meeren und Gebirgszügen umschlossen und von euch beängstigend dicht bevölkert. Es fließt nicht vor Fülle und Wohlstand über und liefert seinen Bauern kaum die bloße Nahrung. Daher kommt es, dass ihr euch gegenseitig beißt und bekämpft, gegeneinander Krieg führt. [...] Aufhören soll unter euch der Hass, schweigen soll der Zank, ruhen soll der Krieg, einschlafen soll aller Meinungs- und Rechtsstreit!

Tretet den Weg zum Heiligen Grab an, nehmt das Land dort dem gottlosen Volk, macht es euch untertan! Gott gab dieses Land in den Besitz der Söhne Israels; die Bibel sagt, dass dort Milch und Honig fließen. [...] Jerusalem ist der Mittelpunkt der Erde, das fruchtbarste aller Länder, als wäre es ein zweites Paradies. [...] Schlagt also diesen Weg ein zur Vergebung eurer Sünden; nie verwelkender Ruhm ist euch im Himmelreich gewiss.

Aus: Arno Borst, Lebensformen im Mittelalter. Berlin 1999, S. 330 f.

„Ein von Gott angeregtes Werk"

Der Erzbischof und Geschichtsschreiber Wilhelm von Tyrus (um 1130-1186):

Es zeigte sich, dass das Werk von Gott angeregt war; denn Alt und Jung folgte mit der größten Freude diesem Aufgebot. [...] Viele schlossen sich bloß an, um ihre Freunde nicht zu verlassen, andere, um nicht als feige und faul zu gelten. Viele zogen aber aus Leichtsinn oder Abenteuerlust mit; gar mancher auch, um seinen Gläubigern, bei denen er schwer verschuldet war, spotten zu können. Verschieden also die Beweggründe, aber alle eilten herbei [...] und gelobten einmütig mit Herz und Mund den Pilgerzug.

Aus: Geschichte in Quellen. Mittelalter, bearb. von W. Lautemann. München 1978, S. 367. (Übers.: E. u. R. Kausler)

Wie kam es zum ersten Kreuzzug?

Situation in Palästina („Heiliges Land"):

- Seit 1070 von Seldschuken besetzt; die Pilgerwege sind versperrt
- Oströmische Kaiser fühlt sich bedroht ➔ sendet Hilferuf an Papst

Aufruf des Papstes im Jahr 1095 in Clermont zum Krieg gegen die „Ungläubigen"

- Es wird berichtet, dass die neuen Herrscher Christen verfolgen und töten und Kirchen zerstören
- Die in Clermont anwesenden Ritter können Jerusalem befreien, sie sind mutig und kräftig: Ihr eigenes Land ist dicht bevölkert und arm, oft führen sie gegeneinander Krieg.
- Für die Befreiung Jerusalems werden den Kreuzfahrern ihre Sünden vergeben
- Im Heiligen Land werden es die Ritter zu Wohlstand bringen

Weitere Motive der Kreuzfahrer

- Man tat es den Freunden gleich
- Leichtsinn, Abenteuerlust
- Viele flohen vor ihren Schulden

Eigentliche Motive des Papstes:

- Will eigene Stellung gegenüber den europäischen Königen aufwerten (insbesondere gegenüber dem deutschen Kaiser)
- Erhofft sich mehr Einfluss auf die orthodoxe Kirche im oströmischen Reich (Kirchenspaltung seit 1054)

Die Wirkung des Aufrufs:

- Viele Ritter (Franzosen, Niederländer, Normannen aus Süditalien) eilen zu den Waffen
- Der „Kreuzzug der Armen" zieht voraus und scheitert kläglich

Beurteilung: Kreuzzüge waren kein rein religiöses Unternehmen; viele Kreuzfahrer hatten vorrangig „weltliche" Motive

35 Die Eroberung Jerusalems

Die Kreuzritter erobern Jerusalem

Die Ritter zogen in vier getrennten Zügen nach Kleinasien, wo sie sich im Mai 1097 zu einem Heer zusammenschlossen. Zu den 7000 Rittern kamen etwa noch 20 000 Mann Fußtruppen.

In der Hitze des Sommers 1099 zog das Heer nach Palästina. Das Kreuzfahrerheer bestand nach den vorausgegangenen Verlusten noch aus 1500 Rittern und 12 000 Fußsoldaten. Nach einer sechswöchigen Belagerung wurde Jerusalem schließlich am 15. Juli 1099 von den Kreuzfahrern eingenommen. Dabei richteten sie unter der muslimischen und jüdischen Bevölkerung ein Blutbad an. Einige Historiker bezweifeln heute die in den arabischen Quellen genannten Opferzahlen (30-70 000), da diese Angaben die für damals angenommene Einwohnerzahl Jerusalems weit übersteigen.

Die Kreuzritter bauten ihre Herrschaft über das Heilige Land nach europäischem Vorbild auf. Sie gründeten das Königreich Jerusalem und drei Vasallenstaaten (Tripolis, Antiochia und Edessa). Die Kreuzritter lebten als Grundbesitzer meist in Städten, nahmen sich oft orientalische Frauen und ließen die einheimische Bevölkerung auf ihren Gütern für sich arbeiten. Viele Ritter traten den neu gegründeten Ritterorden bei. Im Jahr 1187 ging nach der verlorenen Schlacht von Hattin die christliche Herrschaft über Jerusalem für längere Zeit zu Ende. Weitere Kreuzzüge waren die Folge. 1291 endete das Zeitalter der Kreuzzüge.

Herbert Kohl

„Den Frevel mit dem Tod sühnen"

Die Eroberung der Stadt Jerusalem aus Sicht eines christlichen Geschichtsschreibers, 1184:

Der größte Teil der Bevölkerung hatte sich nach dem Tempelhof geflüchtet, weil dieser in einem entfernten Teil der Stadt lag [...]. Diese Flucht brachte den Leuten wahrlich keine Rettung; denn sogleich begab sich Herr Tankred[1] mit dem größten Teil des Heeres dorthin. Er brach mit Gewalt in den Tempel ein und machte Unzählige nieder. Er soll auch eine unermessliche Menge von Gold, Silber und Edelsteinen weggenommen, nachher jedoch, als das Getümmel sich gelegt hatte, alles an den alten Platz zurückgebracht haben. [...] Es geschah sicherlich nach gerechtem Urteil Gottes, dass die, welche das Heiligtum des Herrn mit ihren abergläubischen Gebräuchen entweiht und dem gläubigen Volk entzogen hatten, es mit ihrem eigenen Blut reinigen und den Frevel mit ihrem Tode sühnen mussten. [...] Im Tempelbezirk sollen an die zehntausend Feinde umgekommen sein, wobei also die, welche da und dort in der Stadt niedergemacht wurden und deren Leichen in den Straßen und auf den Plätzen umherlagen, noch nicht gerechnet sind, denn ihre Zahl soll nicht geringer gewesen sein. [...] Als endlich auf diese Weise die Ordnung in der Stadt hergestellt war, legten sie [die Kreuzritter] die Waffen nieder, wuschen sich die Hände, zogen reine Kleider an und gingen dann demütigen und zerknirschten Herzens, unter Seufzen und Weinen mit bloßen Füßen an den ehrwürdigen Orten umher, welche der Erlöser durch seine Gegenwart heiligen und verherrlichen mochte, und küssten sie in größter Andacht.

Aus: Geschichte in Quellen. Mittelalter, bearb. von W. Lautemann. München 1978, S. 369 f. (Übers.: E. u. R. Kausler)

„Sie mordeten die Einwohner"

Über dasselbe Ereignis berichtet der arabische Geschichtsschreiber Ibn al-Atir, 1231:

Die Franken [Kreuzritter] wandten sich also gegen Jerusalem und hielten es nach ihrer Ankunft mehr als vierzig Tage eingeschlossen. Die Franken nahmen die Stadt am Freitag, dem 22.Sa'ban 492 [15. Juli 1099]. Die Einwohner wurden ans Schwert geliefert, und die Franken blieben eine Woche in der Stadt, während sie die Einwohner mordeten. Eine Gruppe von diesen suchte Schutz in Davids Bethaus und leistete einige Tage Widerstand. Nachdem die Franken ihnen das Leben zugesichert hatten, ergaben sie sich; die Franken hielten den Vertrag. In der Al-Aqsa-Moschee dagegen töteten sie siebzigtausend Muslime, unter ihnen viele Imame, Religionsgelehrte, Fromme [...]. Aus dem Felsendom raubten die Franken mehr als vierzig Silberleuchter [...] und mehr als zwanzig goldene und andere unermessliche Beute. [...]

Die verschiedenen muslimischen Fürsten lagen untereinander in Streit; so konnten die Franken das Land besetzen.

Aus: F. Gabrielli: Die Kreuzzüge aus arabischer Sicht. Zürich/München 1973, S. 50 f.

[1] Tankred von Tiberias: Heerführer der Normannen, später Fürst von Antiochia

Die Eroberung Jerusalems 1099 – aus christlicher und arabischer Sicht

Vorgeschichte:

- Die Kreuzfahrer erreichen nach drei Jahren das Heilige Land
- Jerusalem wird eingeschlossen und erobert (15.7.1099)

▶ Grausames Vorgehen der Kreuzritter!

Christlicher Geschichtsschreiber:

- Die Kreuzritter richten ein Massaker unter der Zivilbevölkerung an (ca. 20 000 Opfer)
- Sie rauben Gold und Silber aus dem „Tempel“ (bringen es angeblich aber wieder zurück)
- Es geschieht nach dem Willen Gottes (die „Ungläubigen“ hatten die heiligen Orte, z.B. die Grabeskirche, „entweiht“)
- Am Ende veranstalten die Kreuzfahrer eine Prozession und feiern Gottesdienst

Arabischer Geschichtsschreiber:

- Massaker mit 70 000 Toten (in der Al-Aqsa-Moschee/Zahl wird bezweifelt)
- Die „Franken“ verschonen die Menschen in Davids Bethaus (Tempel)
- Sie rauben Gold und Silber aus dem Felsendom (Omar-Moschee)
- Einigen Menschen gelingt die Flucht
- Ursache für die Niederlage war die Zerstrittenheit der muslimischen Fürsten

Übereinstimmung in wesentlichen Punkten

Die Folgen:

- Die Kreuzfahrer bauen eine Herrschaft nach europäischem Vorbild auf
- Sie übernehmen Gewohnheiten der Einheimischen; es kommt zu einer kulturellen Vermischung
- Die Araber kämpfen für die Rückgewinnung Jerusalems (gelingt 1187)

Verhältnis zwischen Christen und Muslimen wird dauerhaft belastet – bis in die Gegenwart

36 Muslime, Christen und Juden in Spanien

„Sehenswürdige Weltstadt“

Die Religionswissenschaftlerin Sigrid Hunke (1913-1999) über das muslimische Cordoba, wo im 10. Jh. etwa eine halbe Million Menschen lebte, 1990:

Aber als „die Stadt der Städte“ galt dem Andalusier Cordoba. Weit an seinen grünen Ufern hingedehnt mit ihren achtundzwanzig Vorstädten, war sie zur Zeit Abdar-Rahmans des Großen um die Mitte des 10. Jahrhunderts schon der bebauten Fläche nach die größte Stadt des Westens einschließlich des gesamten Europas. Außer den Wohnungen der Wesire und Beamten besaß Cordoba 113000 Wohnhäuser, 600 Moscheen, 300 Bäder, 50 Hospitäler, 80 öffentliche Schulen, 17 höhere Lehranstalten und Hochschulen (die im 9. Jahrhundert durchschnittlich allein 4000 Studenten der Theologie vereinten) und 20 öffentliche Bibliotheken, die Hunderttausende von Büchern enthielten – in einer Zeit, in der keine Stadt Europas außer Kontantinopel mehr als 30 000 Einwohner zählte, keine Gemeinde ein Krankenhaus oder eine höhere Schule besaß, nirgends eine nur nennenswerte Bibliothek oder gar ein öffentliches Bad sich befand. In einer Zeit, in der die Straßen der Städte ungepflastert und mit dem schwimmenden Abfall und Kot höchst unhygienisch waren. Und während es geschehen konnte, daß noch die „Kölnische Zeitung“ vom 28. März des Jahres 1819 die Beleuchtung der Straßen durch Gaslaternen als „aus theologischen Gründen verwerflich“ anprangerte, „da die göttliche Ordnung und Finsternis nicht vom Menschen zerstört werden darf“, waren Cordobas Straßen, auf die insgesamt 80 000 Läden mündeten, um 950 nicht nur höchst fortschrittlich gepflastert und regelmäßig durch Ochsenkarren gereinigt, sondern auch des Nachts von Laternen erhellt [...].

Sicher ist dies wie manches andere Vorbild, das dem Abendland zum Nutzen gereichte, nicht ferngesendet, sondern durch Reisende von Fleisch und Blut über die Pyrenäen nach Europa getragen worden, obwohl man durchaus nicht wahrhaben will, daß Christen sich im Lande der Schwarzkünstler und Magier aufgehalten haben, um nicht eine Abhängigkeit von den Arabern eingestehen zu müssen. [...]

Nicht nur Juden, die eine große Aufgabe als Vermittler arabischer Kultur nach Europa erfüllt haben, auch Christen hat der Ruf des gesegneten Landes, der sehenswürdigen Weltstädte Cordoba und Toledo und ihrer hohen Stätten der Weisheit angezogen. Wahrend der Omaijadenherrschaft, zwischen dem 8. und 11. Jahrhundert, „strömten“ – sagt Ibn al-Hidschari – „Studenten von allen Teilen der Welt in Andalusien zusammen, um die Wissenschaften zu lernen, für die Cordoba der edelste Speicher war“.

Sigrid Hunke: Allahs Sonne über dem Abendland. Unser arabisches Erbe. Frankfurt/M. 1990, S. 305 f.

Die wissenschaftlichen Leistungen der Muslime

Die Islamkundlerin Monika Tworuschka (geb. 1951), 2002:

Die Muslime sammelten den umfangreichen Wissensschatz der alten Welt (Inder, Babylonier, Ägypter, Perser und Griechen), übersetzten die wichtigsten Werke und gaben das gewonnene Wissen weiter. Sie begnügten sich jedoch nicht mit der Rolle des Kulturvermittlers, sondern entwickelten die gewonnenen Erkenntnisse weiter. Gleichzeitig waren sie auch die eigentlichen Begründer der wissenschaftlichen Forschung in Gebieten wie Algebra, Arithmetik, Chemie, Physik und Geologie. Besondere Erwähnung verdient das Dezimalsystem. Die Verwendung der sog. arabischen Ziffern erleichterte das Rechnen wesentlich und schuf die Voraussetzung für die moderne Mathematik. Die von den Babyioniern und Griechen übernommenen astronomischen Kenntnisse ergänzten sie durch eigene Himmelsbeobachtungen. Islamische Ärzte wiesen als erste den Blutkreislauf nach, besaßen Kenntnisse über Infektion und Asepsis, wussten um die Funktion der Gebärmutter und beschrieben bereits Krankheiten wie Masern und Gelenkrheumatismus. Auch wandten sie bereits die Vollnarkose an und praktizierten fortschrittliche Operationstechniken. Die Arzneimittelkunde wurde entwickelt, und auch viele natürliche Heilmittel wurden angewandt.

Monika Tworuschka: Grundwissen Islam. Münster 2002, S. 53

Islam in Spanien – nur eine Bedrohung für das christliche Abendland?

Islam in Spanien – kulturelle Überlegenheit über das christliche Europa

- Islam speichert und entwickelt das antike Wissen weiter
- Hochschätzung von Kunst und Wissenschaft
- Produktiver Austausch zwischen Muslimen, Christen und Juden

Christliches Europa profitiert vom Kulturkontakt mit den muslimischen Spanien und Sizilien

- Vermittlung von Wissen und Texten aus der Antike
- Kenntnisse aus Medizin und Hygiene
- Kunst der Papierherstellung wird über Spanien und Sizilien weitergegeben
- Bewässerungstechnik, Schifffahrtstechniken und Kartographie
- Öffentliche Einrichtungen und Bibliotheken

Die Fixierung auf 1453 (Eroberung von Konstantinopel) und 1529 bzw. 1683 (Türken vor Wien) übersieht:

- Christliches Europa hatte im Mittelalter wenig Probleme mit islamisch-christlichem Kulturkontakt, griff ihn gerne auf
- Profitierte davon ungemein
- Erst in der Frühen Neuzeit wird Islam als bedrohliche Macht definiert

37 Klosterleben im Mittelalter

Klöster als Schulen

Wahlafried Strabo (ca. 809-849) wurde im Alter von etwa acht Jahren von seinen adligen Eltern ins Kloster Reichenau gebracht, später studierte er bei Hrabanus Maurus in Fulda. König Ludwig der Fromme ernannte den dreißigjährigen Walafried zum Abt des Klosters Reichenau und wählte ihn als Erzieher seines Sohnes, des späteren Königs Karl II. der Kahle, dem er auch als Ratgeber diente. Wahlafried erinnert sich an seine Schulzeit im Kloster Reichenau:

Ich war da nicht allein, sondern es waren noch mehrere Knaben meines Alters [...], vornehmen und geringen Standes, die aber alle schon weiter vorgerückt waren. Die gütige Nachhilfe meines Lehrers und der Ehrgeiz trieben mich wechselweise an, dieser Beschäftigung mit Eifer zu obliegen, und nach einigen Wochen hatte ich es so weit gebracht, dass ich nicht nur dasjenige, was man mir auf meine Wachstafel schrieb, sondern auch das lateinische Buch, das man mir gab, mit einiger Geläufigkeit lesen konnte. Darauf bekam ich ein deutsches Büchlein, das mich zwar beim Lesen mehr Mühe kostete, aber dafür eine herzliche Freude machte. Denn wenn ich etwas gelesen hatte, verstand ich es auch, was beim Lateinischen nicht der Fall gewesen war. [...]

Jahr 816. Das erste, was ich da tun musste, war, dass ich einige lateinische Redensarten auswendig lernte, um mich auf Latein mit meinen Kameraden verständigen zu können. [...] Nach einiger Zeit wurde mir die Grammatik des Donatus in die Hand gegeben und ein älterer Schüler beauftragt, mich darüber so lange abzufragen, bis ich alle acht Wortarten und die Regeln über ihre Abwandlung im Gedächtnis hatte. [...]

Jahr 817. Den folgenden Winter hindurch beschäftigte uns der zweite Teil der Grammatik: die Rechtschreibkunst; und von jetzt an mussten auch wir immer lateinisch sprechen. [...]

Jeden Tag wurde uns ein Abschnitt des Psalters gelesen. Wir schrieben ihn auf unsere Tafeln; dann musste jeder die Schreibfehler des Nachbarn verbessern, und einer von denen, die das vierte Jahre Grammatik studierten, musste alle Arbeiten durchsehen. Hierauf wurde Wort für Wort durchgegangen, alles geklärt, und am anderen Morgen mussten wir den Abschnitt auswendig lernen. Auf diese Weise prägten wir uns im Laufe des Winters und nachfolgenden Sommers den ganzen Psalter ein. Von nun an durften wir gleich den anderen Zöglingen am Chorgesange der Brüder teilnehmen.

Aus: Quellen zur Geschichte der Erziehung, ausgew. v. K.-H. Günther u.a. Berlin (Ost) 1971, S. 38 f.

Klöster als Zentren der Wissenschaft

Der Historiker Wolfgang Erdmann über Hermann den Lahmen (1013-1054), der 1028 Reichenauer Mönch wurde:

Das Wesen der Zeitrechnung, ihre Regeln und viele Beweise – worin er den früheren bei weitem überlegen war – fand er und ordnete sie ein. Ferner fand er die natürliche Erklärung für die Erleuchtung des Mondes. Jetzt wissen wir sicher, dass er zu jeder Tag- und Nachtstunde von der Sonne erleuchtet wird. Auch zur Erklärung der Sonnenfinsternisse stellte er die gelehrtesten Regeln auf. Für die Geometrie, in welcher Kunst er alle früheren Kenner an Wissen und Scharfsinn übertraf, stellte er die Zahlenfiguren nach einfachem Plan geordnet zusammen. Er war vor allem ein Musiker, und so komponierte [...] er in wunderbarer Süße und unglaublichem Wohllaut geschichtliche Lieder [...]; und eben auch diese Chronik begann er und fing bei der Menschwerdung Christi an und führte sie mit großem Eifer bis in seine Zeit. Die Taten der Kaiser Konrad (II.) und Heinrich (III.) beschrieb er vortrefflich. [...] Keiner verstand wie er, Uhren zu machen, Musikinstrumente zu bauen, mechanische Arbeiten durchzuführen. Mit diesen und noch vielen anderen Dingen, die aufzuzählen die Zeit zu kurz ist, beschäftigte er sich ständig, soweit es überhaupt sein schwacher Körper zuließ.

Wolfgang Erdmann: Die Reichenau im Bodensee. Geschichte und Kunst, 10. Aufl. Königstein/Ts. 1993, S. 11 f.

Welche kulturellen Leistungen erbrachten Klöster im Mittelalter?

Klöster waren Orte der Schul- und Ausbildung

Große Sorgfalt beim Lernen und geistiger Arbeit, hohe Selbstdisziplin der Lernenden

Weckung und Förderung intellektueller Bedürfnisse und Fähigkeiten

Sicherung des antiken und modernen Wissens

Klöster wurden nicht nur zu Schulen, sondern auch zu Forschungsstätten

- Klöster wurden zu Orten der Ausbildung von geistigen und naturwissenschaftlichen Eliten
- Hier wurden neben Wissenschaftlern auch Botschafter und Diplomaten gewonnen
- Hier entstanden die Voraussetzungen für die moderne (humanistische) Gelehrtenkultur

38 Klöster als Zentren der Zivilisation

Klöster als „Wissensspeicher"

Klöster nahmen im Mittelalter nicht nur religiöse Aufgaben, sondern vielfältige kulturelle, soziale, ökonomische wie politische Funktionen wahr. Bisweilen rekrutierten Hochadelige und Könige ihr Führungspersonal etwa für die Hofkapelle oder für diplomatische Missionen aus Klöstern. Klöster waren „Wissensspeicher" (dank ihrer Gelehrten, Bibliotheken und Kopiertätigkeiten), aber auch Schulen, Universitäten, Forschungsstätten, Asyle, Hospize, Apotheken, Herbergen u.v.a.m. Da die Klöster untereinander eng vernetzt waren, wurde Wissen (z.B. landwirtschaftliche Anbautechniken etwa im Weinbau) europaweit vermittelt, Früchte wurden transportiert und andernorts kultiviert.

Wenig bekannt ist, dass sich viele Mönche auch erfolgreich als Techniker betätigten.

Hartmann Wunderer

Zisterzienser als geniale Wasserbauingenieure

Aus der Beschreibung von Clairvaux, Beginn des 13. Jh.:

Dort, wo der Hain endet, beginnt der Garten, in Vierecke eingeteilt, deren Grenzen von kleinen Flüßchen durchzogen sind. [...] Dieses Wasser dient zweifachem Nutzen: die Fische zu nähren und die Gemüse zu bewässern. Der unermüdliche Lauf der Aube, ein Fluß mit berühmtem Namen, speist es. Ein Arm dieses Flusses, der die zahlreichen Werkstätten der Abtei durchquert, wird überall gesegnet wegen der Dienste, die er erweist. [...] Sein Bett, dessen Krümmungen das Tal in seiner Mitte in zwei Teile schneidet, ist nicht von der Natur ausgehöhlt, sondern durch die Arbeit der Mönche. [...] Wenn der überströmende Fluß manchmal zu reichlich Wasser außerhalb seiner normalen Grenzen ergießt, wird er von einer Mauer zurückgestoßen, die ihm entgegensteht und unterhalb derer er gezwungen wird zu fließen. [...] Doch in die Abtei eingelassen, soweit es die Mauer, die die Funktion des Pförtner innehat, erlaubt, stürzt er sich zuerst mit Ungestüm in die Mühle, wo er sehr beschäftigt ist und sich viel Bewegung verschafft, sowohl um den Weizen zwischen den Mühlsteinen zu zerstoßen, als auch um das feine Sieb anzutreiben, das das Mehl von der Kleie trennt.

Schon ist er im benachbarten Gebäude; er füllt die Kessel. [...] Aber der Fluß sagt sich noch nicht los. Die Walker [Tuchwalker, Wäschereiniger] , die sich nahe der Mühle niedergelassen haben, rufen ihn zu sich. [...] Dort herausgehend tritt er in die Lohgerberei, wo er, um die notwendigen Materialien für das Schuhwerk der Brüder zu bereiten, ebensoviel Aktivität wie Sorgfalt zeigt; dann teilt er sich in eine Menge kleiner Arme, besichtigt während seines willfährigen Laufes die verschiedensten Arbeiten und sucht überall aufmerksam jene, die seinen Dienst benötigen, welches Objekt es auch sei, ob es sich darum handelt zu kochen, zu sieden, zu zermalmen, zu begießen, zu waschen, zu mahlen. [...] Schließlich [...] entfernt er den Müll und läßt alles sauber hinter sich.

Migne, Patrologia Latina, CLXXXV, 569-571; aus: Wolfgang Braunfels: Abendländische Klosterbaukunst. Köln 1980, S. 305 f.

Mönche als Erfinder und Ingenieure: Funktionen der Klöster in der mittelalterlichen Welt

Rationale und ökologische Planung des Klosters

Vielfältige Nutzung des Wassers und der Wasserkraft
- Betrieb von Mühlen
- Walkerei
- Lohgerberei
- Wäscherei
- Wasser für den Küchenbetrieb
- Bewässerung der Klostergärten
- Kloakenreinigung und Müllentsorgung

Hochschätzung und Förderung nicht nur religiöser Anliegen, sondern auch intellektueller wie technischer Kompetenzen, Ausbildung neuer Arbeitsethik

Klöster waren
- Schulen/Universitäten/Forschungsstätten
- Orte der Weitervermittlung des antiken Wissens und alter Texte
- Orte des Erfahrungsaustauschs (auch mit muslimischen Gelehrten)
- Produktionszentren
- Herbergen und Armenfürsorge
- Zentren der Missionierung
- Orte der Rekrutierung von Eliten für die Reichsverwaltung

Klöster waren Zentren der Zivilisierung und Modernisierung

39 Bettelorden: Die Franziskaner

Das Selbstverständnis der „Bettelorden“

Anders als die Benediktiner errichteten die zu Beginn des 13. Jahrhunderts gegründeten Bettelorden (Franziskaner und Dominikaner) ihre Klöster in den Städten. Sie verzichteten auf die in alten Klöstern übliche Arbeit und lebten stattdessen von milden Gaben der Stadtbürger. Die Franziskaner widmeten sich vor allem der Krankenpflege, die Dominikaner dagegen waren geschätzt für ihre kunstvollen Predigten. Die Franziskaner waren auch in der Mission sehr aktiv.

Herbert Kohl

Schutzpatron Italiens und „Heiliger des Friedens“

Das Web-Team der Deutschen Franziskaner schreibt über das Leben des heiligen Franziskus von Assisi:

Franziskus, 1181 oder 1182 geboren, wurde auf den Namen Giovanni (Johannes) getauft. Doch da sein Vater Pietro Bernadone, ein Tuchgroßhändler, enge Handelskontakte zu Frankreich unterhielt und auch sonst die französische Kultur und Lebensart liebte, nannte er seinen Sohn „Francesco“. [...]

Franziskus sollte das elterliche Unternehmen übernehmen. So besuchte er die Kathedraleschule zu Assisi, lernte Französisch und Latein und war ansonsten ein ganz normaler junger Mann. Er [...] träumte davon, Ritter zu werden. [...]

Statt zu dem erhofften Ruhm und der ersehnten Ehre zu gelangen, geriet er jedoch als Soldat in Gefangenschaft und wurde krank. Nach der Rückkehr in seine Heimatstadt Assisi [...] vernachlässigte er immer mehr seine Aufgaben im elterlichen Geschäft. Einige Male verschenkte er teure Stoffe an Arme und Bedürftige. Dies forderte den Zorn seines Vaters heraus. 1206 kam es schließlich zum endgültigen Bruch: Vor den Augen des Bischofs und des Volkes von Assisi zog er seine Kleider aus und gab sie dem Vater zurück.

Nun begann für den Sohn des reichen Kaufmanns ein neues Leben: Er kleidete sich mit einem einfachen Büßergewand aus brauner Wolle und zog sich in einsame Höhlen und abgelegene, zerfallene Kapellen zurück. Eines Tages hörte er die Stimme Jesu, als er vor einem Kreuz betete: „Franziskus, geh hin und stelle mein Haus wieder her!“ Daraufhin begann Franziskus, verfallene Kapellen zu renovieren, da er die Aufforderung zunächst wörtlich verstand. [...] Bald scharten sich die ersten Gefährten um ihn. Die „minderen Brüder“, wie sie sich nun nannten, zogen als Wanderprediger umher und arbeiteten bei den Leuten, ohne nach eigenem Besitz zu streben. [...]

Im Laufe weniger Jahre wuchs die Gemeinschaft Franziskus' aus einer kleinen Gruppe von zwölf Freunden zu einer weit verbreiteten Gemeinschaft. An Pfingsten 1217 trafen sich die Brüder in Assisi und beschlossen, auch in Frankreich, Spanien und Deutschland kleine Niederlassungen zu gründen.

Web-Team der Deutschen Franziskaner; in: http://www.franziskaner.de/FRANZISKUS.3.0.html (Zugriff: 30.12.2009)

„Eigene Studiermöglichkeiten“

Der Historiker Wilfried Setzler über das Franziskanerkloster Tübingen:

Mit Unterstützung des Pfalzgrafen Heinrich von Tübingen wurde 1272 in der Stadt Tübingen an der später nach den Anwohnern genannten Barfüßergasse [...] eine Niederlassung der Franziskaner gegründet. [...] Spätestens ab Mitte des 14. Jh. wurden der Grundsatz einer persönlichen Armut durchbrochen sowie Pfründner [Pflegebedürftige, die dafür bezahlen] im Kloster aufgenommen.

Eine Reform mit der Rückkehr zur strengen Pflege des Armutsgebots erfolgte im 15. Jahrhundert. Der Konvent zählte damals acht Brüder. [...] Nach der 1477 in Tübingen erfolgten Universitätsgründung wurde die Gemeinschaft von Bedeutung vor allem durch die Einrichtung eigener Studienmöglichkeiten in ihrem Kloster und die Berufung gelehrter Franziskaner als Lektoren für Philosophie und Theologie, die nicht nur Vorlesungen hielten, sondern auch durch Publikationen von sich Reden machten.

In: http://www.kloester-bw.de (geringfügig verändert; Zugriff: 24.3.2010)

Mönche in der Stadt – die Franziskaner

Ordensgründer:
Franziskus von Assisi

- gerät in einen Konflikt mit seinem Vater
- entscheidet sich für ein Leben in Einsamkeit und Armut
- fühlt sich von Gott berufen; gründet eine Gemeinschaft
- Er und seine Anhänger gründen Niederlassungen in anderen Ländern

Grundsätze:

- Klöster in Städten gründen
- In Armut leben (von Spenden)
- Den Kranken und Schwachen helfen
- Auch in der Fremde missionieren

Die Wirklichkeit:

- Auch Klöster der Franziskaner „verweltlichen“ (führt zu Konflikt und Spaltung des Ordens)
- Es gibt immer wieder Reformen und Rückkehr zu den alten strengen Regeln
- In Universitätsstädten sind die Franziskaner auch als Wissenschaftler und Autoren tätig
- Bis heute großes Engagement im Kampf für die Rechte der Armen (v.a. in der Dritten Welt)

40 Macht Stadtluft frei? – Außenseiter, Arme und Kriminelle in der Stadt

„Ehrlich" und „unehrlich" im Mittelalter

Die mittelalterlichen Menschen hielten den für ehrenhaft, der einen festen Wohnsitz hatte. An den Rand der Gesellschaft gerieten eher diejenigen, die auf Wanderschaft waren, kein geregeltes Leben führten. Eine Sondergruppe bildeten die Angehörigen der „unehrlichen Berufe", vor allem diejenigen, die mit dem menschlichen und tierischen Körper und seinen Ausscheidungen zu tun hatten, u.a. die Henker, die Totengräber, Bader, Barbiere, Menschen, die Latrinen säuberten, bisweilen auch die Ärzte, die Schlachter, Dirnen und Zuhälter, aber auch Spielmänner, Gaukler und Schauspieler, Akrobaten, Narren, Schäfer und Schinder. Sie verfügten bisweilen über ein „Geheimwissen", das sie verdächtig machte. Einige waren berufsbedingt ständig auf Wanderschaft, was sie zusätzlich anrüchig, zwielichtig oder undurchsichtig machte. Ihre Nachkommen galten ebenfalls als „unehrlich".

Hartmann Wunderer

Die „Unehrenhaften"

Der französische Historiker Jacques Le Goff (geb. 1924) über Tagelöhner und Randgruppen in Paris, 1998:

Auf der Place de Grève versammelten sich jeden Morgen alle Arbeiter, die keiner Zunft angehören und die keine feste Anstellung hatten. [...] Die meisten Werktätigen [waren] unorganisierte, schutzlose und bedürftige Tagelöhner, die sich jeden Morgen neu verdingen mussten. [...] Innerhalb der Stadtbevölkerung brachten sowohl die demographische als auch die wirtschaftliche Entwicklung seit dem 13., vor allem aber im 14. Jahrhundert eine neue Gruppe hervor, nämlich die Außenseiter, bei denen die Grenze zwischen Armut, Elend und Verbrechen äußerst schmal war. Besonders schlimm hatten es vor allem die Frauen, die zwischen Elend und Prostitution einen ständigen Überlebenskampf führten. [...] Damals schilderte man die Seeleute [...] als haus- und heimatlose Gesellen, was in jener Epoche ein großer Makel war. Lange rechnete man es dem Stadtbewohner unter anderem als Tugend an, dass er ein Zuhause hatte. [...]

Gnadenlos bekämpft, verurteilt und geahndet wurden Mord, Körperverletzung und tätlicher Angriff, selbst wenn dieser nicht zum Mord geführt hatte. Daneben wurde im Mittelalter aber auch Diebstahl streng bestraft, vor allem in den Städten. Ein solches Verbrechen war damals sehr viel schwerwiegender und wurde härter geahndet als heute. [...] Im Mittelalter verschlossen die Städter nachts ihre Türen und legten manchmal sogar Ketten vor. Sie fürchteten sich vor Banden von Landbewohnern oder Landstreichern, die angeblich von Zeit zu Zeit die Städte überfielen.

Jacques Le Goff: Die Liebe zur Stadt. Frankfurt/M. 1998, S. 42, 44, 53, 69, 72, 74

Die „Aussätzigen"

Der Historiker Arno Borst (1925-2007) über Leprose in der Stadt, 1979:

Lepra krümmt den Körper, entstellt und verkrüppelt die Glieder, macht die Stimme schrill und kreischend, erzeugt Phasen fiebriger Hitze. Noch deutlicher sind die sozialen Abzeichen: Krücken und Stöcke, vor allem die Holzklappern, mit denen jeder Leprose sein Kommen von weitem melden muß, und die Unterkunft am Rand der Siedlungen, im Sondersiechenhaus. Die Krankheit ist unheilbar, aber langwierig; bevor man an ihr stirbt, muß man Jahrzehnte mit ihr leben. Das unterscheidet die Lepra von der Pest und macht sie dem Mittelalter besonders unheimlich. Kranke dürfen nur noch mit Kranken verkehren; aus der Gesellschaft sind sie ausgestoßen. [...] Keine Polizei braucht die Unberührbaren zu überwachen, denn die Abwehrfront der Gesunden ist lückenlos. Aussätzige können [...] Eigentum erwerben, aber arbeiten dürfen sie nicht; sie sind auf Mildtätigkeit der Gesunden angewiesen. [...] Wenn der eine krank wird, der andere nicht, muß Gott die Hand im Spiel haben, anders als bei der Pest, die fast alle schlägt. Der Angesteckte ist sündig, der Aussatz seine Buße.

Arno Borst: Lebensformen im Mittelalter. Frankfurt/Berlin 1979, S. 578

Macht Stadtluft frei?

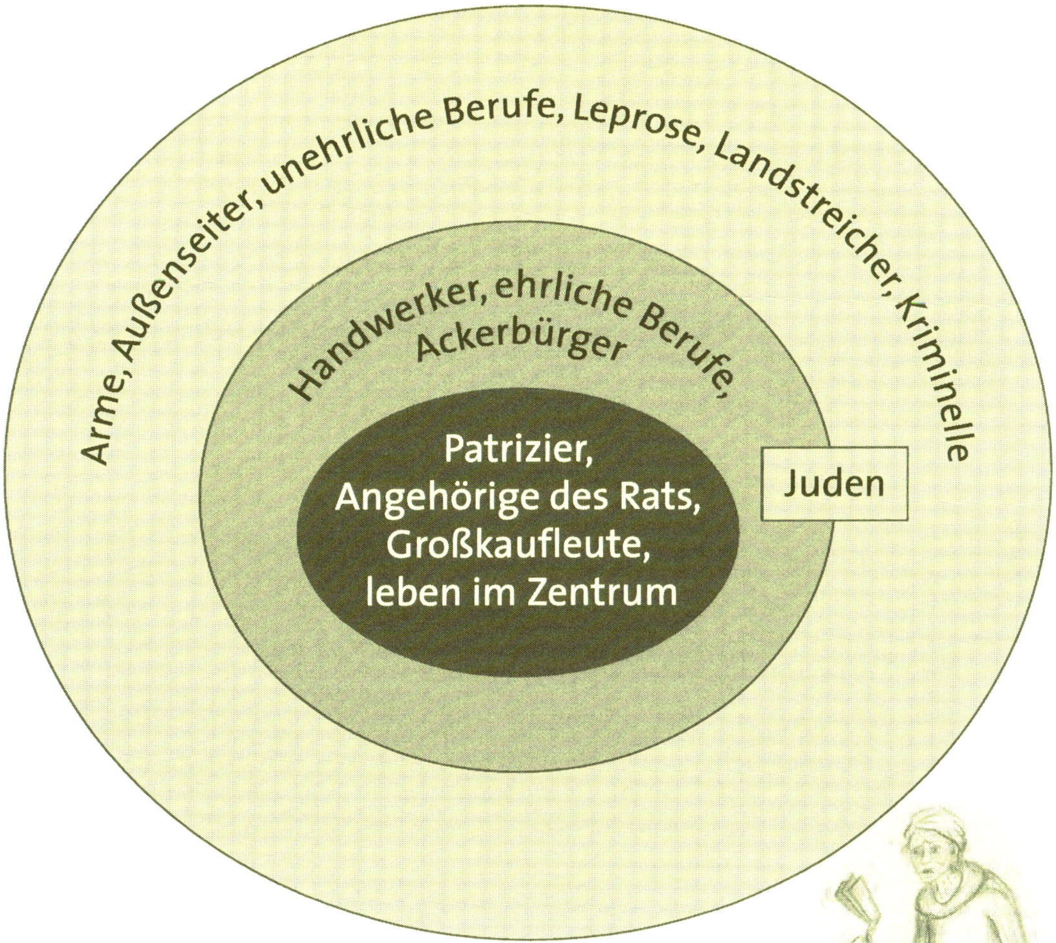

- Bürgerrecht erhielten nur Besitzende
- Von städtischen Freiheiten und Rechten profitierten nur einige Gruppen, viele lebten am Rande oder wurden kriminalisiert, da sie keinen festen Wohnsitz hatten und/oder keine Habe
- Soziale Schichtung und rechtliche Stellung lässt sich auch an Lage der Wohnung erkennen: Stadtzentrum, an gefährdeten Stadtmauern oder außerhalb

41 Die Zünfte

Eine Straßburger Zunftordnung des 15. Jahrhunderts

Die Straßburger Tucherzunft antwortet einer Anfrage der Wollweberzunft in Schweinfurt:

Zum Ersten haben wir eine gemeinsame Stube, Haus und Hof, die uns zur Verfügung stehen. In dieser Stube kommen wir zusammen, um miteinander zu essen und zu trinken. Dort empfangen wir auch unsere Gäste.

Wir wählen jährlich [...] einen redlichen Mann aus unserer Zunft in den Großen Rat[1]. Außerdem bestimmen wir einen [...], der in den Kleinen Rat oder in das Gericht [...] abgeordnet wird. Desgleichen bestimmen alle anderen Zünfte, von denen es insgesamt 28 gibt, jeweils einen redlichen Mann für den Großen Rat. [...] (Der Vorsteher und vier Meister leiten die Zunft. Ein weiteres Fünfergremium übernimmt folgende Aufgaben): Diese fünf müssen schwören alle Tuche zu prüfen, die guten, die keine Fehler aufweisen, besiegeln, außerdem diejenigen, die kleine Fehler haben, mit einem besonderen Siegel kennzeichnen und den ganz fehlerhaften Tuchen ein Siegel verwehren. [...]

Weiterhin lassen wir auch jede Nacht ein Zunftmitglied mit seinem einfachen Harnisch (Rüstung) und Gewehr zusammen mit anderen aus den anderen Zünften auf Wache gehen. [...] Weiterhin ist uns zusammen mit zwei anderen Zünften eine Stelle an der Stadtmauer übergeben worden, um [...] zu schließen und zu öffnen. [...]

Wenn jemand das Handwerk ausüben will, so muss er die Zunftmitgliedschaft mit dem dafür erforderlichen Betrag [...] erwerben. Dieses Geld wird zum Nutzen der gesamten Zunft verwandt. [...]

Wenn jemand unser Stubenrecht oder die Zunftmitgliedschaft erwirbt oder einem von uns Freud oder Leid widerfährt, so bewirten wir ihn auf unserer Stube. [...]

Weiterhin [...] sind wir verpflichtet, wenn [...] ein Aufruhr in der Stadt ausbricht, unter unserem Banner mit unserem ganzen Harnisch samt unseren Zunftvorstehern auf einen Platz zu den anderen Zünften zu ziehen, die auch jeweils ihr eigenes Banner haben. [...] Außerdem sind aus allen Zünften etliche Leute dazu bestimmt, bei einem Feuer herbeizueilen, um zu löschen und das zu tun, was dann notwendig ist. [...]

Weiterhin unterhalten wir etliche Kerzen, die wir im Münster [...] brennen lassen.

Weiterhin begeht man am Fronleichnamstag eine feierliche und heilige Prozession zum Münster. [...] Als Erste gehen die Maurer; danach folgen die Ölmüller, die Müller und die Tuchscherer [...], die Weber, die Gerber, die Flickschneider.

Aus: Peter Ketsch/Gerhard Schneider: Handwerk in der mittelalterlichen Stadt. Stuttgart 1985, S. 10-12.

---

[1] Der Kleine Rat kümmerte sich in der Regel um die exekutiven Alltagsgeschäfte; er bereitete die Beschlüsse des Großen Rats vor. Der Große Rat hingegen war für die Gesetzgebung, Steuern, Münzen, Krieg und Frieden und das Hochgericht zuständig. Der Kleine und der Große Rat wurden von (patrizischen) Ratsherren und angesehenen Zunftmeistern besetzt, der Große Rat aus allen Zünften sowie mit den Mitgliedern des Kleinen Rats.

Unterschiedliche Funktionen von Zünften

Religiöse Aufgaben
- Gemeinsame Prozessionen
- Erinnerung an gestorbene Zunftmitglieder
- Ausgestaltung der Kirche/des Münsters

Zünfte

Arbeitsleben
- Regelung der Arbeitsbedingungen und Löhne
- Qualitätsprüfung der Waren
- Ausbildung der Lehrlinge
- Festlegung von Preisen

Politische und soziale Funktionen
- Bewachung der Stadt
- Hilfe bei Bränden
- Friedenswahrung in Stadt
- Mitarbeit im Großen und Kleinen Rat
- Gemeinsame Feiern und Feste
- Solidarität bei Notlagen

Zünfte
- gewähren Schutz
- regeln Arbeitsleben und Qualität
- ermöglichen politische Mitgestaltung in Stadt
- verhindern Innovationen und Wettbewerb

42 Machtkämpfe in der Stadt

Weber bildeten in den mittelalterlichen Städten eine große Gruppe unter den Handwerkern. Ihre materielle und soziale Lage war oft schwierig, ihr Ansehen und Prestige eher gering. Daher lösten gerade die Weber in vielen Städten nicht selten weitreichende soziale Konflikte aus, die sich auch zu politischen Machtkämpfen ausweiten konnten.

Zünfte gegen Patrizier

Die unblutige Revolution der Zünfte in Augsburg 1368:

Am Sonntagabend, den 22. Oktober 1368, versammelten sich die Zünfte unter der Leitung des Hans Weiß, Kellermeister der Weberzunft, wohlbewaffnet am Perlachturm. Sie schlossen alle Stadttore und besetzten alle Straßen und Plätze der Stadt: Den Stadtpflegern ließen sie sagen, die Gemeinde solle in Ruhe den Zusammentritt des Rates am folgenden Morgen abwarten.

Sturmglocken riefen in aller Frühe des 23. Oktober die Ratsherren zu einer außerordentlichen Ratssitzung zusammen. Schweigend eilten die Ratsherren durch das Spalier der bewaffneten Handwerker dem Rathaus zu. Nachdem der große und der kleine Rat versammelt waren, besetzten Wachen der Zünfte die Rathauspforten und schlossen so die Falle.

Sechs ehrenwerte Meister traten vor den Rat, und Hans Weiß forderte in schlichten Worten die Teilnahme der Zünfte an der städtischen Regierung. Nach stundenlangen Debatten gaben die Ratsherren schließlich nach. Der auf dem Perlachplatz harrenden Menge verkündete man die alsbaldige Einführung der Zunftverfassung. Der Rat übergab als Unterpfand seines Wortes die Hoheitszeichen der Stadtregierung, die Torschlüssel und die Schlüssel zur Sturmglocke und zum Ratsarchiv, die Stadtsiegel und das Stadtrechtsbuch. Dann schworen Patrizier und Handwerker, die „zünftlerische" Regierung einzuführen.

Aus: Annette Kuhn/Gerhard Schneider: Geschichtsunterricht 5-10. München 1981, S. 96 f.

Der Weberaufstand in Köln, 1369/70

Pfingsten 1369 rotteten sich die Weber in Köln zusammen und forderten von Rat und Schöffen die Herausgabe eines verhafteten Mannes. Sie wollten selbst über ihn Gericht halten. Da der Rat ein ordnungsgemäßes Schöffenurteil herbeiführen wollte, drohten die Weber mit Gewalt und erreichten die Herausgabe. Der Mann wurde von den Webern enthauptet. Die Chronik berichtet:

Hierauf hielten die Weber eine Einigung ab und berieten, wie man den guten Leuten [den herrschenden Geschlechtern] die Macht nehmen könne. Darnach strebten sie zugleich mit allen Ämtern [allen Zünften] in die Stadt. [...]

Es mußte nach dem Willen der Weber gehen. Der neue Rat wurde in folgender Weise gebildet: 15 Männer wurden aus den Geschlechtern gewählt, wie das von alters her Sitte war; daneben wurde noch ein weiterer Rat gekoren, der zählte 50 Mitglieder. In diesem Rat waren viele Ämter vertreten, Pelzer, Schmiede, Gürtelmacher, Sarwörter [Harnischschmiede], Maler; von den Krämern waren zwei dabei, von den Kanngießern einer. Hierzu kamen Riemer, Löher [Lohgerber] und Goldschmiede. Gott schlage mit Krankheit, die solches ersannen und es dahin brachten, daß die gute Stadt Köln mit solchen Ratsleuten besetzt wurde. So trieben es die Weber und hatten es dabei so eingerichtet, daß sie die Mehrheit im Rate hatten und alles nach ihrem Willen gehen mußte. Ihre Gewalt war so groß, daß es die Besten sehr verdroß; aber sie konnten es nicht ändern und stimmten daher in ihrer Weise ein. [...]

Gewalt und Übermut nehmen selten ein gutes Ende. So geschah auch den Webern. Ihr Hochmut gewann solches Ende, daß mancher Mann seine Freude daran hatte, denn sie trieben in diesem Jahre viel Mutwillen, mehr als ich sagen will. Bedenkt dies wohl, ihr alten Geschlechter von Köln, und danket dem allmächtigen Gotte, der die stürzte, die euch unterdrücken wollten. Hütet euch vor denen, die euch in ihrem Übermute nach Leben und Gut gestanden haben, und lebt vor allem in Eintracht! Denn seid ihr einträchtig, so kann euch niemand widerstehen, so muß man euch in Ruhe lassen und wird euch Frieden und Gnade zu teil.

Aus: Annette Kuhn/Gerhard Schneider: Geschichtsunterricht 5-10, München 1981, S. 96 f.

Wie wurden in der Stadt Machtkämpfe zwischen verschiedenen sozialen Gruppen ausgetragen?

Zünfte/Handwerker und Unterschichten
- fühlen sich materiell und politisch benachteiligt und bisweilen verachtet
- solidarisieren sich
- wollen führenden Anteil am Stadtregiment
- schrecken nicht vor Gewalt zurück
- sind politisch noch unerfahren

↔

Patrizier (Angehörige der führenden Geschlechter, stellen i.d.R. den Rat)
- verteidigen ihre ständischen Machtpositionen
- fühlen sich von Zünften und Unterschichten bedroht
- behaupten, dass sie im Interesse des Allgemeinwohls handelten

↓

- Aufstände sind bisweilen zumindest kurzfristig erfolgreich
- Zünfte erlangen mancherorts Anteil am Stadtregiment (Rat)
- Aber oft scheitern diese Versuche, dann folgen Racheakte an Aufständischen

Chronist mahnt Eliten zur Eintracht, um alte Ordnung wiederherstellen zu können und um Friede und Sicherheit in der Stadt zu gewährleisten

43 Geldwirtschaft und Juden

Wie kam es zur Ausgrenzung der Juden?

Die Ausgrenzung von Juden in der mittelalterlichen Stadt hat viele Gesichter und verschiedene Ursachen. Der französische Historiker Jacques LeGoff (geb. 1924) akzentuiert im folgenden Interview (1998) besonders die Rolle der neuartigen Geldwirtschaft. Dabei sollte aber nicht vergessen werden, dass die Mehrheit der Juden hierzu viel zu arm war. Im Übrigen war die Stadt eine Schwurgemeinschaft, d.h. bei vielen Rechtsgeschäften, Gerichtsverhandlungen, Geschäftsverträgen usw. wurde die Einhaltung der Absprachen beschworen. Insbesonders mussten diejenigen, die als Stadtbürger aufgenommen werden wollten, einen Bürgereid schwören, der oft wiederholt werden musste. Da diese Eide bzw. Schwüre auf den dreieinigen Gott beschworen wurden, waren die Juden, die derartige Eide ja nicht ableisten konnten, von vornherein aus dieser Gemeinschaft ausgeschlossen.

Es ist einfach eine Tatsache, daß man in der Stadt sehr viel mehr Geld nötig hatte als auf dem Lande. Zunächst einmal, weil ein Bauer selten Dinge kaufen mußte. Außerdem waren die Summen, um die es sich drehte, wesentlich geringer als in der Stadt, wo die Ausgaben, die oft der prunkvollen Zurschaustellung dienten – ganz gleich ob es sich um Häuser, Mieten, Nahrungsmittel oder Kleidung handelte –, einen verstärkten Umgang mit Geld erforderten. Daher brachte die Stadt jene Leute hervor, die man seit dem 14. Jahrhundert Bankiers nennt, das heißt Männer, die damals sehr einfache Handlungen an ganz gewöhnlichen Orten – oft draußen auf einer Bank, woher auch das Wort „Bankier" stammt – verrichteten. Ihre wichtigste Tätigkeit bestand im Geldwechsel. In der damaligen Gesellschaft war die ungeheure Menge verschiedener Münzen ein großes Hindernis für die Wirtschaft. Hier kommen wir nun zur Rolle der Juden. Diese spezialisierten sich weniger auf Wechselgeschäfte (sie tauschten relativ wenig Geld um), sondern vielmehr auf den Geldverleih. Sie vergaben Darlehen zu bestimmten Zinsen und Kredite für Konsumartikel. Nahezu als einzige verfügten sie über Geldsummen, die sie gegen Zinsen verleihen konnten und für die sie sich von ihren Gläubigern entsprechende Pfänder geben ließen: Geschirr, Kleidungsstücke, Laken und andere Haushaltsgegenstände. Jemand, der von einem Juden Geld lieh, gab dafür seine Habseligkeiten her und verspürte darum einen fürchterlichen Haß. Allerdings war dieses Gefühl auch ein Ergebnis des wirtschaftlichen und gesellschaftlichen Systems. Man hatte die Juden nach und nach von allen Berufen ausgeschlossen. Als man ihnen im 13. Jahrhundert jeden Grundbesitz verbot – selbst als leibeigene Bauern eines Adligen durften sie kein Land haben –, verließen sie alle ländlichen Gebiete.

Und in der Stadt waren sie dann auch nicht willkommen? Bekanntlich läutete in Straßburg jeden Morgen eine Glocke, die ihnen das Betreten der Stadt erlaubte. Wenn sie abends wieder erklang, mußten die Juden die Stadt sofort verlassen.

Das war eine relativ späte Einrichtung. Die Feindseligkeit gegenüber den Juden kam Ende des 11. Jahrhunderts auf. Seit dem 14. Jahrhundert verbreiteten sich die antijüdischen Bewegungen dann immer mehr, bis im Spätmittelalter nur noch zwei Möglichkeiten blieben. Die eine bestand ganz einfach in der Verbannung. Vom späten 14. Jahrhundert an gab es im ganzen französischen Königreich keine Juden mehr, weil Karl VI. alle verbannt hatte. Damit folgte er dem Beispiel Englands, wo man dieselbe Maßnahme schon zu Beginn des 14. Jahrhunderts ergriffen hatte. Die andere Lösung, die vor allem in Italien, Zentral- und Osteuropa üblich wurde, bestand in der Ghettoisierung.

Auf diese Weise konnten die drangsalierten Juden also weiterhin als Geldverleiher tätig bleiben?

Sie nahmen nur noch in ihrer Eigenschaft als Geldverleiher am öffentlichen Leben teil. Auch durch die Bibel wurde diese Rollenverteilung festgelegt, weil es das Alte Testament verbietet, einem Bruder Geld gegen Zinsen zu leihen. Zunächst galt diese Regel nur für die Juden, aber später wurde sie auch von den Christen übernommen. Darum praktizierten die Juden keine Kreditgeschäfte untereinander, sondern liehen nur an Christen, weil sich dieses Verbot ja nicht auf Andersgläubige erstreckte. Aus dem gleichen Grund konnten Christen solche Zinsdarlehen lange nur von Juden erhalten. Nach und nach begannen aber auch einige Christen, insbesondere die Händler, Geld zu verleihen.

Jacques Le Goff: Die Liebe zur Stadt, Frankfurt/M. 1998, S. 34 und 38. Interviewer: Jean Lebrum

Wie wurden in der Stadt Machtkämpfe zwischen verschiedenen sozialen Gruppen ausgetragen?

Stadt war Schwurgemeinschaft, Juden konnten keinen Bürgereid schwören, konnten also keine Stadtbürger werden

In Stadtwirtschaft entwickelte sich die Tausch- zur Geldwirtschaft; Goldtausch und Wechselgeschäft bildeten sich heraus

↓

Geldbedarf der Städter (Prestigekonsum) und Ausschluss der Juden von vielen zünftischen Berufen (auch räumliche Ghettoisierung) verwiesen Juden auf Kreditgeschäft; Christen war dieses verwehrt (biblisches Zinsverbot)

↓

Nur Juden konnten Kredite an Christen vergeben, allerdings hohes Kreditrisiko, daher hohe Zinsen

↓

Zahlungsunfähige Kreditnehmer entwickelten Ressentiments und Vorurteile gegenüber Kreditgebern, förderten Abneigung und Pogromstimmung gegenüber Juden

↓

Antijüdische Pogrome in der Zeit der Kreuzzüge und Verfestigung der antijüdischen Ressentiments, die sich zu antijüdischen Stereotypen verfestigten (u.a. Vorwurf des Hostienfrevels, Ritualmords)

↓

Verweisung von Juden aus Städten am Ende des Mittelalters; lebten nun häufig als Landjuden, die sich mit Kleinhandel über Wasser hielten.

44 Neue Arbeitsethik und Werthaltungen in der mittelalterlichen Stadt

Aktives und kontemplatives Leben

Der französische Historiker Jacques LeGoff (geb. 1924) über den Wandel der Einstellung zur Arbeit, 1998:

Da sich [der Bauer] praktisch erst als letzter zum Christentum bekehren ließ, wurde er für die Christen, die gewöhnlich in den Städten wohnten, zum Heiden par excellence. Die französischen Ausdrücke für Heide (païen) und Bauer (paysan) haben daher auch dieselbe Wurzel (vom lateinischen paganus). Diese Gleichsetzung von Heide mit Bauer war nicht gerade geeignet, das Ansehen des Landmannes, das heißt des typischen Arbeiters, anzuheben. Er war geradezu die Verkörperung des Menschen, der durch die Erbsünde zur Arbeit verdammt wurde. Eine Aufwertung erfuhr die Arbeit erst nach und nach in den Klöstern. Ein Ereignis von entscheidender Bedeutung für die Geschichte der westlichen Welt war die Verbreitung der Regeln des heiligen Benedikt im 9. Jahrhundert, weil in diesen Ordensregeln großer Wert auf körperliche Arbeit gelegt wurde. Dadurch, daß der Mönch selbst arbeitete und die Arbeit sogar als Form der Buße und des Gebets verstand, wertete er sie auf.

Doch ganz gleich, wie verachtet der Status vieler Arbeiter auch war, wirklich aufgewertet wurde das Prestige der Arbeit erst in der Stadt. Dies war eine ihrer wichtigsten historischen Leistungen: In der Stadt konnte man die schöpferischen und produktiven Ergebnisse der Arbeit sehen: All die Gerber, Schmiede und Bäcker waren Leute, die nützliche, gute, manchmal sogar schöne Dinge herstellten, und zwar vor aller Augen einfach nur durch Arbeit. Umgekehrt stieß Müßiggang immer mehr auf Ablehnung. Für einen faulen Menschen war in der Stadt kein Platz. Seit sich in verschiedenen Großstädten ein Schulsystem entwickelt hatte, trug zudem auch die Tätigkeit des Unterrichtens und Lernens dazu bei, die Arbeit aufzuwerten. Auf religiöser und spiritueller Ebene schließlich wurde im Skulpturenschmuck der großen Stadtkirchen und Kathedralen – wie zum Beispiel der Kathedrale von Chartres – das aktive und das kontemplative Leben als Gegensatzpaar abgebildet, wobei beide allerdings noch auf gleicher Stufe standen. Das aktive Leben der Arbeitenden – der heiligen Martha, des als Schmied tätigen heiligen Eligius usw. – wurde nun als von religiösem Wert dargestellt. Die heilige Martha stellte man mit Maria auf eine Stufe. Erst als die Zahl der Vagabunden, Arbeitslosen und Hungerleider anwuchs, begann man wieder über den Wert der Arbeit nachzudenken. Noch heute leben wir in diesem Zwiespalt, hin und her schwankend zwischen einer großen Hochschätzung der Arbeit und ihrer Verdammung. [...]

Die illegalen Geschäfte [...] bestanden im Mittelalter und der frühen Neuzeit hauptsächlich im Schmuggeln. Sie spielten sich eher außerhalb der Städte in den Bergen, auf den Landstraßen oder an den Küsten ab. Sobald sich jedoch eine Ware in einer Stadt befand, bestanden damals kaum noch Möglichkeiten, mit ihr krumme Geschäfte zu machen, es sei denn, man benutzte manipulierte Gewichte oder Münzen. Schwarzarbeit war weder in der Gesellschaft noch in der Organisation der alten Stadt üblich. In einer Stadt bot sich armen oder arbeitsscheuen Menschen nur der Ausweg, entweder zu betteln oder zu stehlen, was allerdings hart bestraft wurde. Jemand, der sich auf eigene Faust durchschlug, war jemand, der stehlen konnte. In der Stadt wimmelte es von Dieben.

Jacques Le Goff: Die Liebe zur Stadt. Frankfurt/M. 1998, S. 47-49

Entstehen in den Städten eine neue Mentalität und eine neue Ethik?

- Illegales Handeln fände eher außerhalb der Stadt statt;
- Stadt geht gegen Kriminalität hart vor

Aufwertung von körperlicher Arbeit in Klöstern: „Ora et labora“

Abgrenzung von und Verachtung für ungebildete und „unchristliche“ Bauern

Herstellung von schönen und nützlichen Gütern

Selbstaufwertung des Städters, da Hochschätzung von qualifizierter Arbeit, bedingt durch Arbeitsteilung und Spezialisierung

Verachtung/Ablehnung des (aristokratischen) Müßiggangs

Selbstdisziplinierung und Selbststilisierung des Bürgers
- Neue Arbeitsethik in der Stadt
- Aufwertung von Arbeit und Leistung
- Abgrenzung von Stadt und Land

45 Die Hanse-Kaufleute verbünden sich

Informationen zum Thema

Seit dem 12. Jahrhundert schlossen sich in verschiedenen Gegenden des deutschen Reiches Städte zu Bündnissen zusammen. Besonders Städte, die vom Handel lebten, waren daran beteiligt, da sich ihre Kaufleute auf den Handelsreisen als Folge der schwächer gewordenen kaiserlichen Schutzmacht nicht mehr sicher fühlten. Der bedeutendste unter allen diesen Städtebünden war die Hanse in Norddeutschland. Die Kaufleute dieser Städte bildeten Fahrgemeinschaften auf der Nord- und Ostsee. In wichtigen Handelsstädten bauten sie Kontore auf, gemeinsame Einrichtungen, die den Kaufleuten Lagerplätze, Übernachtungsmöglichkeiten und Verkaufsräume boten. Die wichtigsten Kontore befanden sich in London, Brügge (heute Belgien), Bergen (Norwegen) und Nowgorod (Russland)

Gegen Ende des 13. Jahrhunderts übernahm die Stadt Lübeck die Führungsrolle in der norddeutschen Hanse. Aus der Kaufmannshanse wurde nun zunehmend eine Städtehanse. Vertreter der ungefähr 100 Mitgliedsstädte trafen sich in unregelmäßigen Abständen zu Hansetagen. Wichtige Handelsgüter waren Heringe, Salz, Käse, Wein, Getreide, Holz, Metallwaren, Wolle, Tuche und Pelze. Die Koggen, dickbäuchige Schiffe mit bis zu 200 Tonnen Ladegewicht, brachten beispielsweise Getreide, Salz oder Leinwand über die Ostsee nach Russland und kamen mit Pelzen beladen wieder zurück.

Eine besondere Gefahr für den Seehandel stellten die Überfälle von Seeräubern dar. Im 14. Jahrhundert wurden die *Vitalienbrüder* – z.B. Klaus Störtebeker – zu einem gefürchteten Gegner der Hanseschiffe. Von der Insel Gotland aus starteten diese Piraten ihre Beutezüge. Zuerst begann die Stadt Stralsund, dann auch Hamburg mit dem Bau von Kriegsschiffen, mit denen man schließlich den Seeräubern das Handwerk legen konnte.

Ab dem 16. Jahrhundert, also nach der Entdeckung Amerikas, verlor die Hanse und mit ihr der Ostseeraum an Bedeutung. Auch die Konkurrenz des niederländischen Überseehandels schwächte die Hanse zunehmend. Im Jahr 1669 fand der letzte Hansetag statt.

Herbert Kohl

Schutz vor Handelsschiffen

König Heinrich II. von England erteilt den Kölnern ein Privileg, 1157:

Heinrich, von Gottes Gnaden König von England [...] grüßt die Richter [...] und alle seine Diener in England. Ich befehle euch, die Männer und Bürger von Köln zu behüten und zu schirmen wie meine eigenen Leute und Freunde, ebenso auch alle ihre Habe, ihre Kaufwaren und Besitzungen, so dass ihr ihnen weder an ihrem Hause zu London noch sonst an ihrer Habe irgendein Unrecht zufügt oder zufügen lasst, weil all das Ihre unter meinem Schutz und Schirm steht.

Aus: Geschichte in Quellen. Mittelalter, bearb. von W. Lautemann. München 1978, S. 742 (Übers.: J. Bühler)

Sieg der Hanse über Norwegen

Aus den Chroniken deutscher Städte, 1284:

Im Jahre 1284 war ein großer Krieg zwischen König Erich von Norwegen und den deutschen Kaufleuten wegen des vielen Unrechtes, das die Norweger den deutschen Kaufleuten zugefügt hatten. Da schworen alle Städte der Oster- und Westersee außer Bremen zusammen. Sie richteten ihre Schiffe her und fuhren nach Norwegen, dort taten sie großen Schaden. Sie legten besondere Koggen in den Sund und an andere Plätze, die hinderten, dass irgendetwas an Korn, Bier, Brot und anderem Gut nach Norwegen kommen konnte. Da ward der Hunger so groß, dass die Norweger um Frieden bitten mussten. Die Verhandlungen übernahm König Magnus von Schweden, der machte aus, dass die deutschen Kaufleute sicher mit ihren Gütern nach Norwegen fahren und ihre alten Rechte und Freiheiten genießen sollten.

Aus: Geschichte in Quellen. Mittelalter, bearb. von W. Lautemann. München 1978, S. 736 (Übers.: J. Bühler)

Die Hanse-Kaufleute verbünden sich

➢ **Ab 12. Jh.:** Gründung von Städtebünden, auch unter Seehandelsstädten (➔ Hanse)

Ursachen

- Wachstum der Städte
- Zunahme des Handels / Vordringen der Geldwirtschaft
- Schutz vor Gefahren durch gemeinsame Fahrten
- Fremde Herrscher bieten Schutz an (z.B. der engl. König; verspricht sich eigene Vorteile davon)

Gemeinsame Aktivitäten

- Nutzung gemeinsamer Einrichtungen (Kontore: Lagerung, Verkauf, Schlafplätze)
- Gemeinsame Handelsfahrten über Ost- und Nordsee
- Bekämpfung gemeinsamer Gegner (Seeräuber, aber auch fremde Herrscher)

Gründe für den Niedergang der Hanse:

- Schwerpunkt des Handels verlagert sich ab 1500 auf den Atlantik
- Andere Staaten werden zu starken Konkurrenten (Portugal, Spanien und Niederlande)

46 Die Pest – eine Strafe Gottes?

„Gegen dieses Übel half keine Klugheit oder Vorkehrung“

Der italienische Dichter Giovanni Boccaccio (1313-1375) über den Schwarzen Tod in Florenz, 1348:

Ich sage also, daß seit der heilbringenden Menschwerdung des Gottessohnes eintausenddreihundertachtundvierzig Jahre vergangen waren, als in die herrliche Stadt Florenz, die vor allen andern in Italien schön ist, das tödliche Pestübel gelangte, welches – entweder durch Einwirkung der Himmelskörper entstanden oder im gerechten Zorn über unseren sündlichen Wandel von Gott als Strafe über den Menschen verhängt – einige Jahre früher in den Morgenlanden begonnen, dort eine unzählbare Menge von Menschen getötet hatte und dann, ohne anzuhalten, von Ort zu Ort sich verbreitend, jammerbringend nach dem Abendlande vorgedrungen war.

Gegen dieses Übel half keine Klugheit oder Vorkehrung, obgleich man es daran nicht fehlen und die Stadt durch eigens dazu ernannte Beamte von allem Unrat reinigen ließ, auch jedem Kranken den Eintritt verwehrte und manchen Ratschlag über die Bewahrung der Gesundheit erteilte. Ebensowenig nützten die demütigen Gebete, die von den Frommen nicht ein, sondern viele Male in feierlichen Bittgängen und auf andere Weise Gott vorgetragen wurden. [...] Dabei war aber nicht, wie im Orient, das Nasenbluten ein offenbares Zeichen unvermeidlichen Todes, sondern es kamen zu Anfang der Krankheit gleichermaßen bei Mann und Weib an den Leisten oder in den Achselhöhlen gewisse Geschwulste zum Vorschein, die manchmal so groß wie ein gewöhnlicher Apfel, manchmal wie ein Ei wurden, bei den einen sich in größerer, bei den andern in geringerer Anzahl zeigten und schlechtweg Pestbeulen genannt wurden. Später aber gewann die Krankheit eine neue Gestalt, und viele bekamen auf den Armen, den Lenden und allen übrigen Teilen des Körpers schwarze und bräunliche Flecke, die bei einigen groß und gering an Zahl, bei andern aber klein und dicht waren. Und so wie früher die Pestbeule ein sicheres Zeichen unvermeidlichen Todes gewesen und bei manchen noch war, so waren es nun diese Flecke für alle, bei denen sie sich zeigten.

Dabei schien es, als ob zur Heilung dieses Übels kein ärztlicher Rat und die Kraft keiner Arznei wirksam oder förderlich wäre. Sei es, daß die Art dieser Seuche es nicht zuließ oder daß die Unwissenheit der Ärzte [...] den rechten Grund der Krankheit nicht zu erkennen und daher ihr auch kein wirksames Heilmittel entgegenzusetzen vermochte; genug, die wenigsten genasen, und fast alle starben innerhalb dreier Tage nach dem Erscheinen der beschriebenen Zeichen. [...].

So war denn, teils wegen des Mangels gehöriger Pflege, teils wegen der Heftigkeit der Seuche, die Zahl der bei Tag und Nacht in der Stadt Gestorbenen so groß, daß man sich entsetzte, wenn man sie erfuhr, geschweige denn, wenn man das Elend selbst mit ansah. Daraus entstand fast unvermeidlich unter denen, die am Leben blieben, manche Unregelmäßigkeit, die den früheren bürgerlichen Sitten widersprach. So war es früher üblich gewesen – wie wir es auch heute noch sehen –, daß die Nachbarinnen und die weiblichen Verwandten mit den nächsten Angehörigen eines Verstorbenen in dessen Hause zusammenkamen und klagten [...]. Als indessen die Heftigkeit der Seuche zunahm, hörten alle diese Bräuche ganz oder teilweise auf, und neue traten an ihre Stelle. Denn nicht allein starben die meisten, ohne daß viele Frauen zusammengekommen wären, sondern gar manche verließen dieses Leben ohne die Gegenwart eines einzigen Zeugen, und nur wenigen wurden die mitleidigen Klagen und die bitteren Tränen ihrer Angehörigen vergönnt. Statt dieser hörte man nun meist geselliges Lachen, Scherze und Gespött [...].

Es gab viele, die bei Tag oder Nacht auf offener Straße verschieden, viele, die ihren Geist in den Häusern aufgaben und ihren Nachbarn erst durch den Gestank, der aus ihren faulenden Leichen aufstieg, Kunde von ihrem Tode brachten.

Boccaccio: Das Dekameron, übers. von K. Witte und H. Bode. Frankfurt/M. 1961, S. 9 ff.

Judenpogrome

Der Chronist Michael de Leone (gest. 1355) über Judenpogrome in Würzburg:

Im Jahre 1349 töteten die Juden züngelnde Flammen. Sie kamen so am Tag des heiligen Viktor, bei Tagesanbruch um. [...] Alle, die im Feuer zusammengedrängt wurden, riefen Adonay [Gottheit]. Ihre Ruchlosigkeit hatten sie durch die Vergiftung der Brunnen bewiesen. Deshalb war ihr Leben verwirkt, und der [heutige] Marktplatz von Würzburg war Schauplatz ihrer Qualen.

Aus: Klaus Bergdolt: Der schwarze Tod in Europa. München 1994, S. 149

Die Pest und ihre Folgen

Ursachen der Pest (nach Boccaccio):

- Enstehung im Morgenland
- Strafe Gottes für menschliche Sündhaftigkeit?
- Einwirkung der Himmelskörper?

↓

Abhilfe?

- Gebete und Prozessionen helfen nicht
- Ärzte sind hilfos
- Tod ist unausweichlich

↓

Soziale und kulturelle Folgen der Pest:

- Zunehmende Gefühllosigkeit, Sittenverfall, Kriminalität, neue Bräuche und derbe Geselligkeit (nach Boccaccio)
- Demographischer Einbruch, ca. 1/3 der europäischen Bevölkerung stirbt 1348-1352 an der Pest
- In einigen Orten Judenpogrome
- Preisverfall, da Überproduktion an Lebensmitteln
- Abwanderung von Landarbeitern und Bauern in Städte
- Entstehung von Wüstungen

47 Friedrich II. – das „Staunen der Welt"

„Die Dinge so darstellen, wie sie sind"

Der Journalist Wolf Schneider (geb. 1925) über Friedrich II., 2008:

Aus den vielen Kaisern des Mittelalters [...] ragt einer turmhoch heraus: Friedrich II. von Hohenstaufen (1194 bis 1250), König von Sizilien und Jerusalem, Kaiser des Heiligen Römischen Reiches Deutscher Nation – nach Jacob Burckhardt „der erste moderne Mensch auf dem Throne" und von vielen Untertanen noch lange nach seinem Tod als „Retter der Welt" erwartet.

Friedrich unternahm einen Kreuzzug, überstand die üblichen Intrigen der deutschen Fürsten, unterwarf sich mit den für seine Zeit typischen Kriegen grosse Teile Italiens und wurde zweimal vom Papst in Acht und Bann erklärt – und dies, obwohl er sich zunächst sehr kirchentreu verhalten, nämlich für Ketzer den Tod durch Feuer angeordnet hatte. [...]

Er schuf eine perfekte Staatsverwaltung, die über Jahrhunderte als Vorbild galt. Er entwarf mit eigener Hand an die zweihundert Kastelle, Lustschlösser und Jagdhäuser auf Sizilien, in Kalabrien und im Elsass, wählte die Baumeister aus und überwachte die Ausführung; das achttürmige Castel del Monte in Apulien, vom Felsendom in Jerusalem inspiriert, kündet noch heute von Friedrichs Willen zur Vollkommenheit. Er liess sich von den Anfängen der Gotik in den Kathedralen von Paris und Chartres berichten und steuerte seine Impressionen aus dem Morgenland bei.

Seinen Hof in Palermo machte der Kaiser zum Treffpunkt arabischer und jüdischer Gelehrter, mit denen er in ihren Muttersprachen plauderte; geistreich in der Konversation, gewalttätig im Jähzorn, ein sarkastischer Intellektueller von unermüdlichem Wissensdrang. Er korrespondierte mit Sultanen, Philosophen und Wissenschaftlern der gesamten arabischen Welt [...].

Einen Taucher liess Friedrich für sich arbeiten, der ihm Tiere, Pflanzen, Steine vom Meeresgrund heraufbrachte. Einen Zoo legte er an, um das Verhalten exotischer Tiere zu studieren, mit einer Giraffe und einem Elefanten. Er züchtete Falken, richtete sie zur Jagd ab und schrieb das Buch „Über die Kunst, mit Vögeln zu jagen", das er eigenhändig illustrierte. Es beginnt mit dem Satz, der noch heute Kraft hat, im 13. Jahrhundert aber eine Ketzerei ohnegleichen war: „Es ist die Absicht dieses Buches, die Dinge, die sind, so darzustellen, wie sie sind." Es war dieser Satz, mit dem Friedrich das Tor zur Moderne aufstiess.

Galten nicht alle philosophischen Probleme als durch Aristoteles ein für alle Mal gelöst? Hatte nicht der Kirchenvater Augustinus geschrieben: „Die Autorität der Kirche ist stärker als die Kraft des menschlichen Geistes"? Hatte nicht erst 1163 das Konzil von Tours allen Geistlichen „das Studium der Physik und der Weltgesetze" bei Strafe der Exkommunikation verboten? [...] Papst Gregor IX. nannte ihn den „König der Pestilenz": Den Menschen wolle er weismachen, sie sollten nichts glauben, was nicht durch Natur und Vernunft bewiesen werden kann.

Die Experimente tragen freilich noch für uns unheimliche Züge. Einem Falken nähte Friedrich die Augen zu, um zu beweisen, dass Falken ihre Beute nur sehen und nicht wittern können. Auch vor Menschenversuchen schreckte er nicht zurück: Der Mönch Salimbene von Parma berichtete in seiner „Chronik", der Kaiser habe etliche Neugeborene ihren Müttern wegnehmen lassen und sie Ammen übergeben, die niemals mit ihnen sprechen durften. In welcher Sprache würden diese Kinder zu reden beginnen? Hebräisch, das bis ins 18. Jahrhundert als die „Ursprache" galt? Oder Griechisch oder Arabisch oder in der Sprache ihrer Eltern? Wir wissen heute, dass isoliert aufgewachsene Menschen nur primitive Anfänge einer Wortsprache entwickeln können; der Kaiser erfuhr es nicht, denn die Kinder starben, bevor sie sprechen konnten. [...]

Die Grausamkeit war mittelalterlich; doch dass der Kaiser der Erfahrung zum Sieg über den Glauben verhalf, markiert eine Zäsur in der Geschichte des Abendlands. Für den englischen Benediktinermönch Matthäus [...] war Friedrich immutator mirabilis et stupor mundi: bewundernswerter Veränderer und das Staunen der Welt.

Wolf Schneider: Schlagschatten – Friedrich II., das Staunen der Welt; in: NZZ Folio 6/2008 http://www.nzzfolio.ch (Zugriff: 30.3.2010)

Friedrich II. – ein moderner Monarch?

„Mittelalterliche“ Züge	„Moderne“ Elemente
Friedrich	Friedrich
● unternimmt einen Kreuzzug	● schafft eine perfekte Staatsverwaltung
● verfolgt „Ketzer“	● korrespondiert mit arabischen und jüdischen Wissenschaftlern
● lässt barbarische Menschen- und Tierversuche durchführen	● möchte Dinge so darstellen, „wie sie sind“
● lässt grausam Menschen strafen	● setzt sich über theologische Begründungen hinweg
	● verhilft Erfahrungswissenschaft zum Durchbruch

- Begriff „Modernität“ ist problematisch, denn die Moderne ist weder friedvoller noch humaner
- Friedrich II. – ein Vorläufer des Renaissance-Despoten?
- Friedrich II. – ein großer „Freigeist“? (Nietzsche)
- Auch Erfahrungswissenschaft braucht eine überlegte Wertorientierung

48 Fürstengesetz Friedrichs II.

Das Gesetz zugunsten der Fürsten

Ursprünglich waren die Stammesherzogtümer selbstständig, gerieten aber in immer größere Abhängigkeit von der Zentralgewalt, dem König bzw. Kaiser. Kaiser Friedrich II. lebte vorwiegend in Süditalien und hatte seinem Sohn Heinrich (VII.) die Regentschaft über Deutschland übertragen. Heinrich geriet insbesondere wegen seiner städtefreundlichen Politik in Konflikt mit den Reichsfürsten. Da er diesen Konflikt nicht durchhalten konnte, machte er den Fürsten im „Statutum in favorem principum" 1231 erhebliche Zugeständnisse. Kaiser Friedrich II. musste dieses Privileg im Mai 1232 bestätigen.

In diesem Statut ist u.a. folgendes festgelegt:

1. Wie schon unser königlicher Sohn, so gestehen auch wir ihnen für immer zu, dass keine neue Burg oder Stadt auf geistlichem Gebiet [...] von uns oder einem anderen (Fürsten) errichtet werden darf, ganz gleich unter welchem Vorgeben.

2. Neue Märkte sollen alte in keiner Weise stören. [...]

5. In unseren neuen Städten soll die Bannmeile[1] beseitigt werden.

6. Ein jeder Fürst habe freien Gebrauch seiner Freiheiten, Gerichtsbefugnisse, Grafschaften und Zehnten nach den Gewohnheitsrechten seines Landes, sie seien sein Eigentum oder ein Lehen.

7. Die Zentgrafen sollen die Zehnten vom Landesherrn [dominus terrae] oder von dem empfangen, den der Landesherr mit ihnen belehnt hat.

8. Ohne Zustimmung des Landesherren darf niemand die Gerichtsstätte verlegen.

10. Die Bürger, die man „Pfahlbürger"[2] nennt, sollen ganz und gar vertrieben werden.

11. Die Abgaben an Wein, Geld, Korn und anderen Waren, die Bauern bisher an eine Stadt zu entrichten hatten, sollen abgeschafft und nicht mehr erhoben werden.

12. Eigenleute der Fürsten, Edlen, des Dienstadels und der Kirchen sollen in unseren Städten keinen Schutz mehr finden.

13. Eigentum und Lehen der Fürsten, Edlen, des Dienstadels und der Kirchen, das sich in den Händen unserer Städte befindet, soll zurückgegeben werden und darf nicht wieder weggenommen werden.

14. Weder wir noch unsere Leute sollen das Geleitrecht[3] der Fürsten in ihrem Lande, das sie von uns zu Lehen haben, beeinträchtigen oder stören dürfen.

16. Unsere Städte sollen nicht wissentlich einen Landschädling oder gerichtlich Verurteilten [...] oder einen Geächteten aufnehmen; bereits Aufgenommene sollen ausgewiesen werden.

17. Im Lande eines Fürsten wollen wir keine neue Münze schlagen lassen, durch welche die Münze des Fürsten im Werte gemindert werden könnte. [...]

23. Eigenleute, Leute der Vögte[4] und der Lehen, die zu ihren Herren gehen wollen, dürfen durch unsere Beamten nicht zum Bleiben gedrängt werden.

Aus: Geschichte in Quellen. Mittelalter, bearb. von W. Lautemann. München 1978, S. 568 (Übers.: W. Lautemann)

---

[1] Umland der Städte, in dem sich keine Konkurrenz der Handwerker niederlassen durfte.
[2] Außerhalb der Pfähle, d. h. der Stadtmauer wohnende Personen, die das Bürgerrecht genossen und sich dadurch den Leistungen an ihren Grundherren entzogen hatten.
[3] Altes Recht des Königs, Reisenden oder Transporten gegen Bezahlung bewaffnetes Geleit zu stellen.
[4] Beamte; Vertreter des Landesherrn in bestimmten Gebieten.

Wie veränderten sich durch die Mitverantwortung der Fürsten die Machtverhältnisse im Deutschen Reich?

Inhalt des Statuts: Übertragung von Regalien an Fürsten:

- Keine Errichtung von königlichen Burgen und Städten auf fürstlichen Territorien
- Keine Konkurrenz für alte Märkte durch neue königliche
- Anerkennung des Gesetzgebungsrechts der Fürsten in ihren Territorien
- Königliche Städte sollen keine Eigenleute der Fürsten und Kirchen mehr aufnehmen
- Garantie des fürstlichen Münz- und Geleitrechts

Motive und politische Zielsetzungen:

- Friedrich II. suchte Unterstützung der Reichsfürsten gegen seinen Sohn
- Der Kaiser hielt sich überwiegend in Italien auf, brauchte daher loyale Funktionsträger im Reich und für die Reichsverwaltung
- Friedrich II. gewährleistete den Fürsten Rechte, die sie bereits gewohnheitsrechtlich innehatten

Politische Folgewirkungen:

- Fürstliche Gewohnheitsrechte werden vom König anerkannt
- Ausbildung einer föderalen (also nicht zentralistischen) Reichsstruktur
- Förmliche Sicherung und Stärkung der Macht der Fürsten

49 Die Bedeutung der Kurfürsten im Spätmittelalter

Die „Säulen des Reiches“

Die Historikerin Barbara Stollberg-Rilinger, 2006:

Nachdem es im Mittelalter ursprünglich einmal die Vorstellung von einem Königswahlrecht des ganzen *populus,* d. h. aller Großen, gegeben hatte, bildete sich seit dem Hochmittelalter eine Gruppe heraus, die dieses Recht nach und nach für sich monopolisierte [allein beanspruchte]. Diese Kurfürsten (von „Kur“ für Wahl) waren die drei rheinischen Erzbischöfe von Mainz, Köln und Trier, ferner der König von Böhmen, der Pfalzgraf bei Rhein, der Herzog von Sachsen und der Markgraf von Brandenburg. Warum es genau diese Fürsten und keine anderen waren, die das Königswahlrecht monopolisieren konnten, ist [...] bis heute nicht restlos geklärt. Nachträglich begründet und legitimiert wurde die Herausgehobenheit der vier letztgenannten aus dem Kreis der übrigen weltlichen Reichsfürsten seit dem 13. Jahrhundert mit der so genannten Erzämtertheorie: Die weltlichen Kurfürsten versahen am Königshof bei feierlichen Anlässen die Ämter des Mundschenks, Truchsessen, Marschalls und Kämmerers. Das war indes wohl nicht die Ursache, sondern eher die Folge ihrer privilegierten Rolle bei der Wahl. Diese Wählergruppe wurde in der Goldenen Bulle Kaiser Karls IV. von 1356 als feste Korporation mit bestimmten gemeinsamen Privilegien endgültig festgeschrieben. [...]

Die Goldene Bulle, die seit dem 16. Jahrhundert als Reichsgrundgesetz galt, stellte sicher, dass es bei der Königswahl immer zu einer eindeutigen und sicheren Entscheidung kam und Doppelwahlen wie zuvor nicht mehr möglich waren. Dazu dienten Bestimmungen, die garantieren sollten, dass sich die Zusammensetzung des Kollegiums nicht änderte, nämlich die Thronfolge der weltlichen Kurfürsten nach Erstgeburtsrecht und die Unteilbarkeit der kurfürstlichen Territorien.

Barbara Stollberg-Rilinger: Das Heilige Römische Reich Deutscher Nation. München 2006, S. 23 ff.

Wie die Kurfürsten den König bzw. Kaiser wählten

Aus der „Goldenen Bulle“ von 1356:

1. Nachdem aber die genannten Kurfürsten oder ihre Gesandten in die Stadt Frankfurt eingezogen sind, sollen sie sogleich bei Anbruch des folgenden Tages in der Kirche des heiligen Apostels Bartholomäus daselbst in vollzähliger Anwesenheit die Messe „de Sancto Spiritu“ singen lassen, damit der Heilige Geist ihre Herzen erleuchte und ihren Verstand mit dem Licht seiner Kraft erfülle, auf dass es ihnen gelinge, mit seinem Beistand einen gerechten, redlichen und tüchtigen Mann zum römischen König und künftigen Kaiser zu wählen zum Heil der Christenheit. [...] Sie sollen aber dort allesamt mit ihrem ganzen Gefolge unbewaffnet zugegen sein. Und der Erzbischof von Mainz wird ihnen die Eidformel vorsprechen, und er zugleich mit ihnen und sie [...] zugleich mit ihm werden den Eid leisten in der Landessprache auf diese Weise:

2. „Ich, [...] Erzbischof von Mainz, des heiligen Reiches Erzkanzler in Deutschland und Kurfürst, schwöre auf diese hier gegenwärtig vor mir liegenden heiligen Evangelien Gottes, dass ich gemäß der Treue, zu der ich gegen Gott und das heilige römische Reich verpflichtet bin [...] mit Gottes Beistand der Christenheit ein weltliches Oberhaupt wählen will, das heißt einen römischen König und künftigen Kaiser [...] und dass ich meine Stimme und meinen Wahlentscheid abgeben werde ohne alle Verabredung, Belohnung, Entgelt oder Versprechen oder wie immer dergleichen genannt werden mag – so wahr mir Gott helfe und alle Heiligen.“

3. Wenn nun die Kurfürsten [...] diesen Eid geleistet haben, sollen sie zur Wahl schreiten und fortan die [...] Stadt Frankfurt nicht verlassen, bevor die Mehrzahl von ihnen [...] ein weltliches Oberhaupt gewählt hat, nämlich einen römischen König und künftigen Kaiser. Falls sie dies jedoch binnen dreißig Tagen, vom Tage der Eidesleistung an gerechnet, noch nicht getan hätten, sollen sie von da an, nach Verlauf dieser dreißig Tage, fortan nur Wasser und Brot genießen und keinesfalls aus besagter Stadt weggehen, bevor sie oder die Mehrzahl von ihnen einen Herrscher oder ein weltliches Oberhaupt der Gläubigen gewählt haben, wie oben steht.

Aus: Geschichte in Quellen. Mittelalter, bearb. von W. Lautemann. München 1978, S. 774 f. (Übers.: K. Müller)

Wie wurde der König gewählt? Die Rolle der Kurfürsten

Seit dem Hochmittelalter: **sieben Kurfürsten** wählen den römischen König und Kaiser

Wer wählt?

Drei geistliche Fürsten:

Erzbischöfe von

- Mainz
- Köln
- Trier

Vier weltliche Fürsten:

- König von Böhmen
- Pfalzgraf bei Rhein
- Herzog von Sachsen
- Markgraf von Brandenburg

▶ *Sollte Doppelwahlen verhindern (Problem des Mittelalters)*

- Kurfürsten bekommen Privilegien (z.B. Unteilbarkeit ihrer Länder/Erbfolge des ältesten Sohnes – bei weltlichen Kurfürsten)

Ablauf der Wahlzeremonie:

- Zusammenkunft in Frankfurt am Main
- Kurfürsten feiern die Heilige Messe und sprechen Eidesformel
- Wählen nach dem Mehrheitsgrundsatz einen König
- Müssen sich in 30 Tagen einigen (sonst Wasser und Brot)

Die Folgen:

▶ Wahlvorgang nun klar geregelt (vorher nur nach Gewohnheit)

▶ Kaisertitel ab 1508 nicht mehr vom Papst abhängig (Ausnahme: Karl V. 1530)

▶ Die Macht der Fürsten wächst (erst der Kurfürsten, dann auch anderer)

▶ Regeln werden oft nicht eingehalten; so werden Bestechungszahlungen üblich (z.B. 1519 bei der Wahl Karls V.)

50 Gegen Ketzer und Hexen – die gefürchtete Inquisition

Zeugenaussagen und Folter als „Beweismittel"

Die kirchliche Inquisition entstand im 13. Jahrhundert. Mit ihr wurden Ketzer und andere Glaubensabtrünnige aufgespürt, verhört und abgeurteilt. Oft, aber keineswegs immer, stand am Ende von Inquisitionsprozessen der Scheiterhaufen, das Gericht konnte auch freisprechen oder von dem Delinquenten eine Bußleistung fordern. Insistierte der oder die Angeklagte auf ihren religiösen Überzeugungen, wurde dies nicht selten als Zeichen von Ketzerei gedeutet.

Besonders berüchtigt wurde die Spanische Inquisition unter ihrem Groß- oder Generalinquisitior Tomás de Torquemada (1420-1498). Er soll über 10 000 Menschen auf den Scheiterhaufen geschickt haben, hauptsächlich Juden, die zum Übertritt zum Christentum gezwungen worden waren („Tod oder Taufe") und die bisweilen heimlich an ihren alten Glaubenspraktiken festhielten. Ferner fielen ihm Muslime und später Protestanten zum Opfer, die ebenfalls zum Glaubenswechsel genötigt wurden. Als „Beweise" galten Zeugenaussagen. Strafmildernd oder strafverschonend wirkten reichhaltige Spenden an die Kirche. Die Spanische Inquisition, die sich durch das beschlagnahmte Eigentum der „Ketzer" finanzierte, wandte auch die Folter an, um Aussagen zu erpressen. Sie wurde erst 1834 abgeschafft. Papst Johannes Paul II. distanzierte sich im Jahr 2000 von diesen Praktiken, ohne allerdings die Inquisitionspraxis konkret zu benennen.

Hartmann Wunderer

Härte und Milde

Der Historiker Gerd Schwerhoff (geb. 1957) über die Urteile der Inquisition, 2004:

Neben dem Zusammenspiel von zermürbender Kerkerhaft und geschickter Verhörstrategie war es vor allem das Sanktionsinstrumentarium [Bestrafungsmittel] der Inquisition, das ihren Erfolg ausmachte. Auch hier ging es zunächst um Reue und Buße, modern gesprochen um Gewissens- und Verhaltenskontrolle, und nicht in erster Linie um Rache und Vergeltung; nur hartnäckige und rückfällige Ketzer durften hingerichtet werden. Als flexibles Instrument der Strafzumessung stand wiederum das Gefängnis an erster Stelle. Die Länge der Haft und ihre Härte [...] ließen sich je nach Fall fein dosieren. Dasselbe gilt für die vielfältigen privat oder öffentlich zu leistenden Bußen. Zu den wichtigsten gehörte der Zwang zum Tragen von Bußgewändern mit aufgenähten, deutlich sichtbaren gelben Kreuzen. Das bereits 1244 fixierte Verbot, die so stigmatisierten [gebrandmarkten] Büßer zu belästigen, deutet an, wie sehr sie dadurch der sozialen Kontrolle durch ihre Umwelt ausgesetzt waren. Das erschwerte einen Rückfall in alte häretische [ketzerische] Gewohnheiten. Nicht selten schuf man sich damit eine zur Überanpassung bereite Gruppe [...], die als [...] Denunzianten der Inquisition nützliche Dienste leisteten.

Todesurteile oder präziser: die Überstellung an den weltlichen Arm, die dann unweigerlich den Scheiterhaufen nach sich zog, waren ein wichtiges, keineswegs aber ein vorherrschendes Strafmittel. So entschied Bernard Gui zwischen 1308 und 1323 ausweislich seines erhaltenen Urteilsbuches an 18 Gerichtstagen über insgesamt 930 Ketzer. Insgesamt 42 davon verurteilte er zum Tode, 307 zu dauernder Kerkerhaft. Rund einem weiteren Drittel der Delinquenten [Straftätern] wurden öffentliche Bußleistungen oder die Stigmatisierung mit dem gelben Kreuz auferlegt. Das ist eine vergleichsweise harte Urteilspraxis, auch wenn man bedenkt, daß vielleicht ein Drittel aller derjenigen, die sich vor ihm zu verantworten hatten, freigesprochen wurden. Etliche Kollegen von Gui urteilten milder. Bernard de Caux, auch er Inquisitor von Toulouse, hatte im Jahr 1246 nachweislich 207 Urteilssprüche gefällt, darunter kein Todesurteil und lediglich 23 Gefängnisstrafen, von denen wiederum neun nicht angetreten wurden. Die Regelstrafe war das Tragen des Kreuzes. [...] Natürlich gibt es auch Beispiele für massenhaft lodernde Scheiterhaufen. Nach dem Attentat von Avignonet und der Kapitulation der Ketzerfestung von Montsegur wurden 200 Katharer dem Scheiterhaufen überantwortet; erinnert sei auch an die im Februar 1278 in der Arena von Verona verbrannten 166 Ketzer oder die Massenhinrichtungen in Südböhmen in den 1340er Jahren. Aber das war nicht die Regel: Yves Dossat [ein Historiker] hat geschätzt, daß insgesamt lediglich ein Prozent der Angeklagten vor der Inquisition mit dem Feuertod bestraft wurden.

Gerd Schwerhoff: Die Inquisition. Ketzerverfolgung in Mittelalter und Neuzeit. München 2004, S. 54 f.

Die Inquisition – nur im Dienst der Reinheit des Glaubens?

Dominikanerorden wird mit Inquisition beauftragt

Reinheit des Glaubens soll bewahrt werden.

Ketzer sollen in den Schoß der Kirche zurückgeführt werden

Todesurteil – eher Ausnahme – wird von kirchlichem Gericht getroffen, aber in der Regel von weltlichem Gericht vollzogen

Ziele und Mittel der Inquisition

Mittel:
- Zermürbende Kerkerhaft
- Geschickte Verhörpraxis
- Folter

Weitere Strafen:
- Gefängnisstrafen
- Reue und Buße
- Tragen von Bußgewändern, die die Menschen bloßstellten

Verfahren wird nach klaren „rationalen“ und überprüfbaren Regeln durchgeführt

Kirche und Inquisitionsgericht bieten Bußfertigen den Ausweg des Sakraments der Buße

Inquisitionsverfahren – nur brutale Praxis oder auch historischer Fortschritt?
- Verfahren erfolgt nach klaren Regeln
- Fragen und Aussagen werden protokolliert und dokumentiert
- Gewisse Zurückdrängung von willkürlicher Todesstrafe
- Aber: Brutales Machtmittel der Kirche zur Durchsetzung ihrer Interessen

Didaktische Kurzkommentare zu Texten und Tafelbildern

Vorbemerkung

2, 4, 5, 6, 7, 8, 9, 13, 18, 21, 22, 23, 31, 34 und 35 sind als Modelle für Doppelstunden in der Sekundarstufe I gedacht. Sie sind zu umfangreich für eine 45-Minuten-Stunde. Die Lehrerin/der Lehrer sollte die Klapptafel innen und außen beschreiben. Falls nur eine Wandtafel vorhanden ist, müsste diese etwa nach der Hälfte des bearbeiteten Stoffs zur weiteren Nutzung gewischt werden.

Nr. 01 Harte Bedingungen für den Neandertaler

Die Stunde könnte mit der Rekonstruktionszeichnung eines Neandertalers beginnen. Die Schülerinnen und Schüler (künftig: Schüler) werden ihn vermutlich als Menschen mit wenig Intelligenz beurteilen. Daraus lässt sich die Leitfrage der Stunde ableiten. Ein kurzer Lehrervortrag kann über den ersten Fund im Jahr 1856 berichten. Der relativ lange Text lässt sich gut in drei bis vier Teile gliedern und kann in Gruppen bearbeitet werden. Über das Verschwinden des Neandertalers kann man die Schüler abschließend Vermutungen anstellen lassen.

Nr. 03 Der Nil und das alte Ägypten

Hier kann die Lehrkraft im Tafelbild den visuellen Aspekt noch stärker zur Geltung bringen, indem für die Nilschwelle und den symbolisierten Fluss blaue Farbe verwendet wird. Man sollte auch auf die Tatsache hinweisen, dass es die Nilschwelle seit dem Bau der beiden Staudämme bei Assuan (ca. 1900 und 1970) nicht mehr gibt.

Nr. 06 Der Glauben der alten Ägypter

Der Text aus dem Totenbuch lässt sich gut mit dem Bild des Totengerichts kombinieren, das den Schreiber Hunefer zeigt. Es ist in den meisten Geschichtsbüchern zu finden. Die Bildbeschreibung kann aber ebenso als Hausaufgabe gestellt werden.

Nr. 07 Die griechische Kolonisation – viele Griechen wandern aus

Das Tafelbild versucht die geographischen Verhältnisse, die in der Herodoterzählung genannt werden, zu visualisieren. Da hierzu auf der Wandtafel viel Platz erforderlich ist, könnte dies auch in Form einer vorbereiteten Ergebnisfolie geschehen, auf der die in der Geschichte auftauchenden Ortsnamen vorgegeben werden. Die Schüler erhalten eine Kopie davon als vorstrukturierte Ergebnissicherung. Der Ablauf der Auswanderung wird gemeinsam mit den Schülern erarbeitet. Es empfiehlt sich das zweimalige Lesen der Quelle: das erste Mal zur groben Orientierung, ein weiteres Mal zur genaueren Erarbeitung. Es wird deutlich, dass Auswanderung damals ein schwieriges Unterfangen war. Der Gegenwartsbezug liegt bei diesem Thema auf der Hand.

Nr. 09 Erziehung in Sparta

Da es sich um einen relativ langen Text handelt, könnte der Einstieg die Passage über das Aussetzen missgestalteter Säuglinge aufgreifen und nach den Motiven für eine solche Vorgehensweise fragen. Die Quelle selbst lässt sich gut in zwei größere Abschnitte aufteilen (Teil 1 bis „Weinerlichkeit“). Das im Tafelbild nicht auftauchende Werturteil könnte danach fragen, ob dieses Erziehungssystem als Ganzes zu verurteilen ist. Die Schüler könnten in diesem Zusammenhang auf eher positive Aspekte wie Selbstkontrolle, das Ertragen von Strapazen oder die Einfachheit des Lebens verweisen, die in Sparta aber dem großen Ziel, der Vorbereitung auf den Krieg, untergeordnet werden.

Nr. 14 Der Ständekampf zwischen Patriziern und Plebejern

Hier könnte mit „wachen" Lerngruppen erarbeitet werden, dass die Ständekämpfe zwar einige Reformen im Interesse der Plebejer auslösten, dass von diesen Reformen aber nur die Oberschicht profitierte, die den aristokratischen Charakter der römischen Gesellschaft und Verfassung nicht grundsätzlich in Frage stellte. Tatsächlich blieb etwa das Konsulat im Wesentlichen in den Händen einiger sehr weniger aristokratischer Familien. Herangezogen werden kann hierzu die instruktive Aufstellung in Schmid, Fragen an die Geschichte Bd. 1, Frankfurt 1980, S. 93. Aus dieser Tabelle geht hervor, in welchen Jahren Angehörige des Geschlechts der Cornelier (die Scipionen) und der Aemilier Konsuln waren. Aufschlussreich ist auch die politische Biografie und Heiratspolitik Caesars (vgl. Schmid, Fragen an die Geschichte Bd 1, S. 97 ff.), die mit den früheren Ständekämpfen in Bezug gesetzt werden könnte. Die politische Macht rotierte also in den Händen einer schmalen (parasitären) Elite. Wie begrenzt dagegen die Macht der (in der Regel adeligen) Volkstribunen war, demonstriert deren Rolle bei den Reformgesetzen der Gracchen.

Nr. 17 Feindbilder im Krieg mit Karthago

Verbürgtes Wissen über Hannibal gibt es kaum, die meisten Darstellungen stammen aus der Sicht der Römer, der erklärten Gegner Hannibals. Die Darstellung von Livius aus der Zeit des Prinzipats von Augustus kann auch als ein Paradebeispiel für ideologische Kriegsführung gelesen werden; für Livius waren alle römischen Kriege „gerechtfertigt".

In vielen Darstellungen gilt Hannibal zwar als der geniale Militärstratege, aber als ungeschickter Politiker. Neuere Untersuchungen korrigieren das Bild, indem sie Hannibals geschickte ideologische Kriegsführung thematisieren, die bei der Gewinnung von Bundesgenossen durchaus erfolgreich gewesen sei (vgl. z.B. Pedro Barceló, Ideologische Kriegsführung gegen Rom, in: Hannibal ad portas. Ausstellungskatalog, hrsg. vom Bad. Landesmuseum Karlsruhe, 2004, S. 18-23).

Nr. 18 Roms Aufstieg zur Weltmacht

Bei der Behandlung dieses Themas empfiehlt sich der Einsatz einer Geschichtskarte. Vorausgehen könnte eine Stunde zum römischen Militärwesen. Daran anschließen können sich Themen wie die Romanisierung der Provinzen, das Scheitern der römischen Expansion in Germanien oder, wie in diesem Heft, die Behandlung der wirtschaftlichen und sozialen Folgen der Weltreichsbildung, die zu den Reformversuchen der Gracchen führen.

Nr. 22 Vom Bürgerkrieg zum Prinzipat

Im Anschluss an die Behandlung dieses Themas empfiehlt sich ein bilanzierender Vergleich zwischen Caesar und Augustus als Herrscherpersönlichkeiten. Dies kann in Form einer zusammenfassenden Hausaufgabe geschehen. Die Frage „Was hat Augustus besser gemacht als Caesar?" kann aber auch zu Beginn der folgenden Stunde gestellt werden, um die Unterrichtsergebnisse noch einmal zusammenzufassen und zu vergleichen.

Nr. 23 Die Römer werden Christen

Die Hinführung zum Thema kann ein kurzer Lehrervortrag übernehmen. Für die Urteile über die frühen Christen empfiehlt sich arbeitsteiliges Vorgehen. Die verschiedenen Verhaltensweisen der Christen gegenüber dem Opferzwang (die Quelle nennt etwa fünf) lassen sich in kleinen Rollenspielen illustrieren.

Nr. 29 Die Christianisierung der Franken

Die Texte machen deutlich, dass es ein beiderseitiges Interesse auf Seiten des Staates und der Kirche an einer gut funktionierenden Zusammenarbeit gab. Hier lässt sich eine Kontinuität über Karl den Großen und Otto I. bis ins 11. Jahrhundert feststellen. Dies ist auch an der Funktionsweise des Lehnswesens zu erkennen. Erst der Investiturstreit bringt eine nachhaltige Trübung des Verhältnisses von weltlicher und kirchlicher Macht.

Nr. 31 Königskrönung im Mittelalter

Aufgrund der Länge des zweiten Textes empfiehlt sich ein zweimaliges Lesen. Beim ersten Mal kann der Text, ohne dass die Schüler ihn vor sich haben, laut vorgelesen werden. So erhält die Klasse einen ersten Eindruck des Geschehens (mögliche Fragen: Was wird beschrieben? Wer sind die Beteiligten?). Die präzise Textanalyse erfolgt dann in einem zweiten Schritt nach dem im Tafelbild vorgegebenen Raster. Dies erfordert in der Regel eine Doppelstunde.

Nr. 32 Religiosität im Mittelalter – das Jenseits, das Wunder und Gottesurteile

Der Text erhellt die widersprüchlichen Tendenzen, die mit der Durchsetzung des Christentums in Europa verbunden waren. Die religiösen Vorstellungswelten, die uns heute ziemlich fern liegen und fremd sind, können viele historische kulturelle und soziale Prozesse wie insgesamt das Alltagsleben des mittelalterlichen Menschen erklären, etwa die beträchtliche Opferbereitschaft der Menschen beim Kirchen-, Dom- oder Kathedralenbau, teilweise auch die Kreuzzüge, generell die Leidensbereitschaft; und schließlich wurde die gesamte soziale und politische Ordnung religiös legitimiert und grundiert.

Mit „wachen“ oder interessierten Schülern der Sekundarstufe I kann dieses Material durchaus bearbeitet werden. Das Tafelbild systematisiert die Frage, wie man die ewige Seligkeit erlangen kann. Daran anknüpfend kann man problematisieren, welche praktischen und politischen Konsequenzen diese „mittelalterliche“ Religiosität hatte, für die verschiedenen Stände, für die Obrigkeiten und Mächtigen. In der Sekundarstufe II ließe sich problematisieren, dass seit dem 19. Jahrhundert die „Nation“ eine religiöse Weihe erhielt oder ihr zugeschrieben wurde, die eine ähnliche Hingabe und Opferbereitschaft freisetzte.

Nr. 39 Bettelorden: Die Franziskaner

Die Lebensgeschichte des heiligen Franziskus von Assisi bietet interessante Anknüpfungspunkte für Werturteile und Gegenwartsbezüge. Mögliche Fragen dazu wären: Darf man seine Eltern so enttäuschen wie Franziskus? Könnte jemand wie Franziskus in der heutigen Zeit noch Vorbild sein? Aktivitäten im Bildungswesen (Wissenschaftler, Schulen) waren nicht so bedeutend wie ihre Leistungen in Mission und Fürsorge.

Nr. 44 Neue Arbeitsethik und Werthaltungen in der mittelalterlichen Stadt

Hier könnte problematisiert werden, inwiefern die Städte des Mittelalters Teil der Feudalordnung oder „Fremdkörper“ darstellten, die sich nicht so ohne weiteres in die bestehende gesellschaftliche und politische Ordnung fügten. Ausgehend von den Textaussagen wäre es möglich, eine entsprechende Synopse oder Gegenüberstellung zu entwickeln.

Der sozialhistorisch und kulturanthropologisch sehr aufschlussreiche Text problematisiert insbesondere die neue urbane Arbeitsethik. Weitere Aspekte (in der Sekundarstufe II) könnten sein: die Durchsetzung der Geldwirtschaft, die zunehmende Arbeitsteilung, Spezialisierung, die allmähliche Überwindung des ständestaatlichen Ordnungsmodells und die damit verknüpften Modernisierungsprozesse. Umgekehrt waren die Städte natürlich eingebunden in die (religiös begründete) Feudalordnung; auch die Zünfte definierten sich teilweise nicht nur über ihre sozialen, sondern auch über religiöse Zielsetzungen und Aufgaben.

Nr. 46: Die Pest – eine Strafe Gottes?

Die Pest und die extrem begrenzten medizinischen Möglichkeiten stellen ein genuin „mittelalterliches" Thema dar, denn die Reaktionsweisen auf sie sind Teil einer primär religiösen Weltdeutung, wobei Boccaccio auch alltagspraktische Folgen der Pest in den Blick nimmt.

Dieses Thema könnte Ausgangspunkt für ein kleines Projekt sein. Arbeitsteilig ließe sich erarbeiten, welche verschiedenen Formen der Pest es gab, welche Übertragungsmöglichkeiten existierten, welchen Weg die Große Pest seit 1348 nahm, welche Regionen von ihr besonders heftig oder kaum betroffen waren. Das Thema kann auch in einen sozialgeschichtlichen Kontext gestellt werden: Welche Folgen hatte der dramatische demografische Einbruch (Wüstungen, Bedeutungsverlust mancher Städte, Preisverfall für landwirtschaftliche Produkte u.ä.)? Warum löste die Pest antisemitische Ausschreitungen aus, was hat es mit der Bewegung der Geißler auf sich? Aufschlussreiches Material hierzu findet sich u.a. bei Klaus Bergdolt, Der schwarze Tod in Europa. Die Große Pest und das Ende des Mittelalters, München (Beck) 2000; ferner auf der CD-ROM „Die Stadt im Mittelalter. Alltagsleben hinter Turm und Mauern", Bergisch Gladbach/Köln (Verlag Sauerländer Aarau) 1995.

Nr. 47 Friedrich II. – das „Staunen der Welt"

Der Historiker Jacob Burckhardt (1818-1897) bezeichnete Friedrich II. als „ersten modernen Menschen auf dem Thron", und er meinte das keineswegs zustimmend, sondern eher skeptisch, denn mit „Moderne" kann man durchaus auch Inhumanität verbinden. Wolf Schneider legt diese Ambivalenz bloß. Im Unterrichtsgespräch könnte und sollte diskutiert werden, welche Aspekte bei Friedrich II. eher in die Moderne verweisen, welche eher in das Mittelalter. Dabei kann die Relativität dieser Begriffe erörtert werden. Das bewusst unfertige Tafelbild will zu alternativen Einordnungen ermuntern. Diese Thematik eignet sich eher für die Sekundarstufe II.

Nr. 48 Fürstengesetz Friedrichs II.

Ausgangsfrage könnte sein: Warum entwickelt sich in Deutschland ein föderales Staatsgebilde? Ursprünglich waren die Stammesherzogtümer weitgehend autonom, sie verwandelten sich dann in Reichsfürstentümer, die von der Zentralgewalt abhängig waren. Die Balance verschob sich dann im Spätmittelalter wieder hin zu den Fürsten, deren Territorien dann nach dem 30jährigen Krieg völlig souverän wurden. Jetzt konnten die absolutistisch regierenden Herren in ihren Territorien völlig frei schalten und walten. In diesen Kontext sollte man die Behandlung dieses Textes stellen: Welche Rechte erlangen künftig die Reichsfürsten, welche Möglichkeiten eröffnen sich für diese, was bedeutet das für die Zentralgewalt, die mit den Fürstengesetzen die Fürsten eher an die Krone binden wollte, zumal Friedrich II. oft außerhalb Deutschlands weilte und er obendrein zahllose Konflikte mit dem Papst und mit seinem Sohn zu bewältigen hatte.

Die Bezeichnung „statutum in favorem principum" stammt aus dem 19. Jahrhundert, das sich das „glanzvolle" Mittelalter auch in klangvollen Bezeichnungen erfand.

Nr. 49 Die Bedeutung der Kurfürsten im Spätmittelalter

Um den Wandel im Prozedere der Königserhebung zu verdeutlichen, kann der Lehrer an dieser Stelle noch einmal auf die Königskrönung Ottos (Nr. 31) zurückgreifen. Die Zahl sieben sollte für eine klare Entscheidung sorgen, denn sie ließ keinen Gleichstand zu. Die Goldene Bulle legte weiterhin fest, dass die kurfürstlichen Territorien künftig unteilbar sein sollten. Man wollte damit Erbteilungen und daraus resultierende Veränderungen in der Zusammensetzung des Wahlkollegiums verhindern. Gleichzeitig wurden damit die politischen Weichen zu einer weiteren Territorialisierung des Reiches gestellt.

WOCHEN
SCHAU
VERLAG

Geschichte im Unterricht

Herbert Kohl, Hartmann Wunderer

Von der Quelle zum Tafelbild

Tafelarbeit im Geschichtsunterricht

Band I: Von der Russischen Revolution bis zum 11. September 2001

Band II: Von der Frühen Neuzeit bis zum Ersten Weltkrieg

Gelungene Tafelbilder können Dreh- und Angelpunkt eines guten Geschichtsunterrichts sein. Sie greifen problemorientierte Leitfragen auf, verdeutlichen historische Zusammenhänge und Prozesse und ermöglichen Folgerungen für weitere Arbeitsschritte.

Die großformatigen A4-Bände zur Tafelarbeit bieten Quellentexte und die zugehörigen Tafelbilder zu je 50 Themen des Geschichtsunterrichts.

Die Tafelbilder können sowohl von den Schülerinnen und Schülern selbst im Unterricht entwickelt als auch vom Lehrer direkt in den Unterricht übernommen werden.

Alle Tafelbilder sind auch auf CD-ROMs verfügbar und lassen sich so leicht per Beamer ins Klassenzimmer projizieren oder auf Folien für den Overhead-Projektor drucken.

Buch: ISBN 978-3-89974403-3, 112 S., € 24,80
CD: ISBN 978-3-89974432-3, € 14,80
Buch und CD: ISBN 978-3-89974433-0, € 36,80

Buch: ISBN 978-3-89974460-6, 112 S., € 24,80
CD: ISBN 978-3-89974461-3, € 14,80
Buch und CD: ISBN 978-3-89974462-0, € 36,80

www.wochenschau-verlag.de
www.facebook.com/wochenschau.verlag
@wochenschau-ver

Adolf-Damaschke-Str. 10 | 65 824 Schwalbach/Ts. | Tel.: 06196/86065 | Fax: 06196/86060 | info@wochenschau-verlag.de